to gar ichnos tou amorphou morphe
(das Zeichen ist die Gestalt des Gestaltlosen)
Plotin

Offene Weite – nichts von heilig
Bodhidharma

Eine kleine Semiotik des politischen Raums

Grenzen der Demokratie

 Wolf Virga

Herstellung und Verlag: BoD – Books on Demand, Norderstedt

ISBN 9783756216819

Titel: Bearbeitung von pexels-pixabay-2150 (CCO)

Rückseite vom Autor

Bibliografische Information der Deutschen Nationalbibliothek:

Die Deutsche Nationalbibliothek verzeichnet diese Publikation in der Deutschen Nationalbibliografie; detaillierte bibliografische Daten sind im Internet über dnb.dnb.de abrufbar.

Inhaltsverzeichnis

Vorwort

Der Autor ist kein Wissenschaftler und er schreibt nicht für Wissenschaftler, denn diese haben eine eigene Sprache und eigene Regeln. Fußnoten, Zitat und Quellen sind dabei ein erheblicher Bestandteil des Textes: Selten gelesen oder geprüft, füllen sie die Seiten und erfordern viel Arbeit oder Copy-and-paste, die so manche Doktorarbeit hervorgebracht haben. Der Autor ist hier eher ein Konsument der Wissenschaft, einer, der die Mehrzahl der Fußnoten und Quellenangaben überliest, der versucht, das Wesentliche eines Textes zu erfassen, ihm seine praktische Bedeutung zu entringen, einer, dem auch das Denken eine Praxis ist. Der folgende Text beansprucht, nur von denkpraktischer Bedeutung zu sein. Er ist entstanden in dem Versuch, etwas Ordnung in die moderne Fragmentierung öffentlicher Diskurse zu bringen. Ambiguität oder Komplexität werden gerne als Endpunkt des Verstehbaren behauptet, die Geschichte zeigt aber, dass Unverstandenes in einer neuen Perspektive sich zu einer erkennbaren Gestalt fügen kann, aus lauter Bäumen ein Wald wird.

Quellen werden in diesem Text nur als Namen angegeben, Zitate gibt es kaum, die Interpretation des Gelesenen ist die Regel. Überprüfungen lassen sich leicht mit Wikipedia und Co durchführen, Quellenangaben gibt es dort ausreichend, der Autor hat es in vielen Fällen, auch zur Eigenkontrolle, ausprobiert. So wird der Leser auf seinen eigenen Verstand verwiesen, darauf, die Aussagen des Autors ohne formale Referenzen zu prüfen. Logik, WLAN und ein alltagspraktischer Verstand sind hierbei hilfreich.

Und noch etwas: Auf der Suche nach Plagiaten könnte jedes einzelne Wort infrage kommen, bei meiner Geburt hatte ich keines von ihnen präsent. Allerlei Wissen und Lektüre, mit den Jahren aufgesaugt wie ein Schwamm, kommt nun als ein Extrakt heraus, so manches Fragment eines Zitates mag darin enthalten sein. Der Rest ist aber auch nicht von mir, einzig der kognitive Metabolismus des Autors ist originär.

Ein besonderer Dank gilt dem Philosophen Charles Sanders Peirce und dem Lehrer, der mir diesen noch viel zu wenig beachteten Denker nahe gebracht hat.

Es ist bereits alles gesagt worden, aufgeschrieben seit über 2500 Jahren, in unzähligen Variationen, ausdifferenziert bis zum Wirkungsquantum, in der Summe ist es die Beschreibung unserer Welterfahrung. Wer Ohren hat zu hören, der höre Unerhörtes.

1. Einführung

1.1 Prolog

In den letzten Jahren hat sich die Welt für viele Menschen, die sich auf der sicheren Seite wähnten, zunehmend in einen undurchschaubaren und chaotischen Ort verwandelt. Die dadurch entstandenen Unsicherheiten und Ängste fördern irrationale Reaktionen, die das Chaos verstärken, an dessen dystopischem Ende sich die Angst selbst realisiert. Populismus, Verschwörungstheorien, die Hochkonjunktur der Autokratie reagieren auf Umweltzerstörung, Klimawandel, Artensterben oder Pandemie wie Attraktoren einer Abwärtsspirale. Initiativen, die sich um die Rettung der Welt bemühen, erscheinen wie Tropfen auf einem heißen Stein, unter dem eifrig neues Feuer geschürt wird, die Guten kommen ins Gefängnis, die Bösen an die Macht.

Die Wissenschaft meldet sich zu Wort und wird nur von Minderheiten verstanden oder in eine utopische Welt verwiesen. Spezialisten referieren zu einem Problem und fordern Veränderungen, deren Ausmaß als Zumutung, als "nicht pragmatisch" übergangen wird, dabei handelt es sich jeweils nur um eines von vielen Problemen; über die notwendige Summe der Veränderungen redet man lieber nicht, Realismus ist der direkte Weg ins Abseits.

Reden wir von der Welt, reden wir offensichtlich nicht von einer Realität, die Unvereinbarkeit von Ansichten belegt dies eindrücklich. Die eigenen Ansichten stehen dabei genauso zur Debatte wie ein möglicher wahrer Kern einer obskuren Verschwörungstheorie.

Was sich bei all diesen Überlegungen und Stellungnahmen in einer unausgesprochenen Selbstverständlichkeit auflöst, ist die Gestalt unserer Welt, ist die Realität, dass eine Welt für uns nur dann eine ist, wenn diese eine dreidimensionale Angelegenheit, also ein Körper im Raum ist. Eine Welt in der Zeit ist dann vierdimensional, relativ gesehen, ein Körper in der Raumzeit.

Jenseits aller Ansichten verbleibt die Mathematik zur Beschreibung der Welt, eine Unvereinbarkeit mit ihrer Logik ist nicht von dieser Welt.

In dieser Logik beschreibt eine Dimension den Freiheitsgrad einer Bewegung in einem bestimmten Raum. In den Ansichten der Welt finden sich diese Freiheitsgrade wieder, von Dimension null bis zur Raumzeit. Macht man sich ein Bild von der Welt, bleibt es zweidimensional, oberflächlich, unendlich viele Bilder sind so in der Raumzeit möglich, Instagram macht dies zum Geschäftsmodell.

Der Standpunkt einer Ansicht ist zuerst ein Punkt, eine Nulldimension, er drückt sich in der aktuellen Meinung aus. Zu einem

Standpunkt gelangt man auf einem Weg, einer eindimensionalen Bewegung[1], so hat der Standpunkt eine Berechtigung als Aussage zu diesem Weg, der aber ohne Bezug zu weiteren Dimensionen nicht zu verorten ist. Ein Weg, der die Welt wie ein Netz umspannt, hat weitere Freiheitsgrade zur Verfügung, ein Unterfangen, welches einem einzelnen Leben kaum möglich ist. Ohne Kommunikation ist viel mehr als eine Dimension nicht vorstellbar.

Fake-News, Verschwörungstheorien, Populismus und Geräusche aus der Echokammer sind das, was sie sind: Nulldimensionen. Selbstbezüglich entziehen sie sich einer Kommunikation, kommen über den Status einer dimensionslosen Information nicht hinaus. Vergeblich bleibt jeder Versuch einer kommunikativen Bearbeitung dieses Übels, der Freiheitsgrad null ist resistent gegen jede Verlockung zu einer Bewegung. Die Nulldimension lässt sich aber verorten, in ein- oder mehrdimensionalen Bezugssystemen, hier erscheint sie als Punkt, als Quantität. Ihre Zählbarkeit ist ihre einzige Eigenschaft, ihren Ort und ihr Datum werden ihr vom Raum verliehen, von ihrer Beziehung zu den anderen Teilnehmern im Bezugssystem, von der die Nulldimension noch nichts weiß. Öffnet sich die Nulldimension zu dieser Raumzeit, die wir Welt nennen, wird aus der Meinung eine Lebensgeschichte, ein Roman. Weder Stammtisch noch Talkshow haben Zeit für lange Geschichten, die Reise und ihr Ziel verblassen im Hier und Jetzt, dem Ort der aktuellen Erregung – und so manche Geschichte ver-

---

[1] Einen gewundenen Weg kann man auch als Fraktal ansehen, eine gebrochenzahlige Dimension, irgendwas zwischen 1 und 2, je nach der Dimension der Windungen.

birgt sich lieber vor dem Publikum, bleibt Meinung, denn der Applaus ist nicht garantiert.

1.2   Back to the roots

Der Begriff Demokratie, oder das zugehörige Adjektiv demokratisch, werden im politischen Diskurs häufig strapaziert, selten sind dagegen deutliche Beschreibungen, was damit gemeint wird. "Demokraten sind die Guten" ist eine häufig gebrauchte Variante, aber auch Formulierungen wie: "Irgendwas mit Wahlen" oder "Wo man mitreden kann" decken weite Bereiche im alltäglichen Gebrauch dieser Begriffe ab. Etwas seriöser kommen dann die Rechtsstaatlichkeit, die Gewaltenteilung und die Meinungsfreiheit dazu.

Back to the roots, landet man in der Antike bei den Griechen und einem politischen System, welches sich vor allem durch Instabilität ausgezeichnet hat. Aristoteles hat die Demokratie zu den entarteten Herrschaftsformen gezählt, zur Auswahl standen Königtum, Aristokratie, Politie, Tyrannis, Oligarchie und Demokratie, wobei die ersten drei den guten Herrschaftsformen zugerechnet wurden. Neben gut und entartet bestand die Unterteilung in Herrschaft von einem, von wenigen und von vielen. Bei der Herrschaft der Vielen wird eine Herrschaft durch vernünftige und besonnene Mitglieder der Gemeinschaft als Politie bezeichnet, die Demokratie als ihre entartete Form, sie legitimiert auch die Unvernunft – eine Mehrheit reicht, wovon oder wozu auch immer. Moderne Demokratien berufen sich eher auf die Politie, wenn sie Demokratie sagen, die Beschwörung der Vernunft als Amulett gegen die Abgründe der Herrschaft von Partikularinteressen. Die guten Repräsentanten, die Herrschaft des guten und weisen Königs, einer edlen Aristokratie oder Elite, der besonnenen und vernünftigen Bürger: In Sagen und Märchen kommen sie vor, die Phantasie-Literatur ist voll davon, sie kämpfen gegen das Böse. In den Geschichtsbüchern der Macht stehen andere Geschichten; Krieg, Raub und Mord spielen dabei eine hervorragende Rolle, die Macht, die sich an den Bedürfnissen der Mächtigen ausrichtet. Eitelkeit, Größenwahn und Habgier sind keine seltenen Begleiter im Geschichtsprozess der Macht, Psychopathen und Soziopathen sind nicht ausgeschlossen, der Hass paart sich leichter mit der Macht als die Liebe. Der Hang der Macht zur Entartung scheint ihr immanentes Problem zu sein. In einer späteren Betrachtung hat Aristoteles die Politie dann auch als eine Mischform von Oligarchie und Demokratie bezeichnet, zwei der entarteten Formen der Herrschaft, eine Elite, die sich an ihren eigenen Bedürfnissen orientiert, und die Mehrheit einer Masse, der es ebenfalls an der Vernunft zu einer am Gemeinwohl orientierten Entscheidung mangelt. *There's no such thing as society*[2] – Margaret Thatchers oft kolportierter Ausspruch ist bei

---

[2] "They are casting their problems at society. And, you know, **there's no such thing as society.** There are individual men and women and there are families. And no government can do anything except through people, and people must look after themselves first. It is our duty to look after ourselves and then, also, to look after our neighbours."

einer empirischen Betrachtung der Verhältnisse und aus der Perspektive elitärer Macht naheliegend.

1.3   Krieg und Frieden

Der Philosoph Giorgio Agamben hat in einem Aufsatz mit dem Titel *Stasis* (Bürgerkrieg) auf einen Konflikt hingewiesen, der seit dem Altertum dokumentiert wurde. Wir können von diesem Konflikt täglich in den Nachrichten hören, er spannt sich zwischen den Begriffen Politik und Wirtschaft auf. Auch wenn diese Begriffe im Laufe der Zeit eine Wandlung erfahren haben, sind ihre Wurzeln bis heute erkennbar. Polis, der griechische Stadtstaat und Oikos[3], die Wirtschaftsgemeinschaft, vererben ihre problematische Beziehung an Politik und Ökonomie[4]. Betrachtet man die Polis als Ergebnis eines Friedensvertrags zwischen konkurrierenden Wirtschaftsgemeinschaften, ist Stasis die entgegengesetzte Bewegung, die Auflösung des Vertrags, die ungebremste Konkurrenz bis zum Krieg. Nach dem Studium der alten Quellen weist Agamben darauf hin, dass die Abfolge von Friedensvertrag (Gesellschaftsvertrag) und Stasis einer zyklischen Dynamik folgt – so weit nichts Neues. Unsere aktuellen Debatten um Privatisierung versus Regulierung (Sozialpolitik, Ökologie, Mieten etc.) beziehen in diesem Konflikt Stellung. Die einzelne Wirtschafts-

---

[3] Oikos, das Haus, damals eher als Clan zu verstehen, das Haus des *Patriarchen*.

[4] Ökonomie kann man auch als Haushaltung übersetzen, als Gesetz der Wirtschaft eines Haushalts. Heute reicht diese Einheit vom Single-Konsumenten über die Familie, einen Konzern, einen Staat bis zur Welt als wirtschaftende Einheit.

gemeinschaft wehrt sich mit all ihren Mitteln gegen eine Integration in die Vertragsgemeinschaft, wenn diese Vertragsgemeinschaft nicht ihrem partikularen Interesse entgegenkommt. Dabei wird die Konkurrenz unter den einzelnen Wirtschaftsgemeinschaften nicht abgeschaltet, ein Vergleich der eigenen Vorteile mit denen der Anderen wird ständig bilanziert. Die Freisetzung aggressiver Kräfte zur Erreichung einer positiven Bilanz (Gewinn) in diesem Vergleich (Konkurrenz) wird liberalistisch als Motor unseres Fortschritts gewertet. Diese Kraft unterscheidet sich aber qualitativ nicht von der Dynamik des Krieges, die ökonomische Rhetorik ist nicht zufällig aus der Sprache des Krieges entlehnt, z.B. die Eroberung von Märkten, die feindliche Übernahme etc. Die Einwilligung in die Vertragsgemeinschaft erfolgt oft nach Kriegsverlusten, zur Beendigung der Destruktion, zur gemeinsamen Beseitigung der eigenen Schäden, bei der Bedrohung durch einen Feind/Konkurrenten. Vom Kampf um die besten Weidegründe bis zu den aktuellen Kämpfen um Ressourcen jedweder Art besteht dieser Konflikt bis heute. Eine vorübergehende vertragliche Bindung einer Gruppe gegen die Anderen gleicht einem Friedensvertrag nach innen, einer Kriegserklärung nach außen. Dem ökonomischen (kapitalistischen) Wachstumsparadigma folgend, zeigt sich die Skalierbarkeit dieses Konflikts: die Wirtschaftsgemeinschaft hat ihre partikulare Bilanzierung auf die Polis übertragen, diese verhält sich nun gegenüber anderen Staaten wie zuvor Oikos zu Oikos. Aus Stasis, dem Bürgerkrieg, ist der Krieg der Staaten, dann der Weltkrieg geworden. Wir teilen nun die Polis in Innenpolitik und Außenpolitik und stehen vor der Entwicklung von Wirtschaftsgemeinschaften, die global wirtschaften und partikular bilanzieren, aber von keiner globalen Polis eingebunden werden, da diese allenfalls rudimentär existiert, als Vertrag ohne Exekutive, als Absichtserklärung, hinter der sich partikulare Absichten verbergen. Aus dem Weltkrieg ist nun der weltweite Krieg geworden, der Krieg der ungebundenen Partikularinteressen, die Stasis – man kann diesen Begriff kaum präziser fassen. Die Übernahme der Macht ist in den zusammengebrochenen Staaten bereits erfolgt, in den Autokratien und Oligarchien ist der Vertrag zur Kulisse degradiert, hinter der die Partikularinteressen leichtes Spiel haben; Korruption, Geldwäsche und Auslandskonten bilden die Basis dieses Geschäfts. Der Liberalismus folgt der Logik des Krieges, er wähnt sich als Sieger, wirbt mit einem Anteil an der Beute seine Söldner ein, die er Homo oeconomicus nennt, die kleinste Einheit politischer Partikularität.

An der Wiege dieser Demokratie standen gerade 10% der antiken Bevölkerung, denn die Teilhabe bestand aus dem Teilen von Risiko und Gewinn. Als geteiltes Risiko galt der Wehrdienst, die eigenen Waffen waren Teil des Einsatzes, als Gegenstände aus Metall waren diese für die Mehrheit unbezahlbar. Frauen, Sklaven und Metöken (Zugereiste, Fremde, heute Ausländer, Migrant) wurde die direkte Teilhabe verwehrt, dafür waren sie aber mögliche Beute, Teil des Gewinns im Falle des Sieges. Demokraten waren zuerst nur jene Aristokraten, die in etwa den Haushaltsvorständen der größeren Oikoi entsprachen. In den modernen Gesellschaften verhält es sich nicht wesentlich anders, mit dem Vermögen als Einsatz wird der Anteil am Gewinn geltend gemacht. Man mag sich über das Verhältnis der Vermögens-demokraten und der auf ihre Quantität, ihre Zählbarkeit redu-zierten Wählerstimmen streiten, auch ob die Frauen inzwischen einen größeren Anteil haben oder die Metöken (die Immigranten) auf der Agora ihre Stimme erheben können und gehört werden: die Verhältnisse folgen der alten Logik. Auch die bewaffnete Selbstbehauptung ist der Skalierung des Konflikts gefolgt und droht nun mit der atomaren Vernichtung des Gegners, der hoch-gerüsteten Technik in der ökonomischen Auseinandersetzung, der Manipulation von Information in den neuen Medien, dem Algorithmus beim Datamining für das Mikrotargeting im Vertei-lungskampf, dem gnadenlosen Umgang mit der Zivilbevölkerung im Konflikt, egal, ob ökonomisch oder militärisch. Wer unbewaff-net oder mittellos auf der Agora erscheint, hat kein Recht auf einen Anteil an der Beute, er erscheint dort als Bittsteller und die Metöken werden lästig, weil es immer mehr werden. Die hochge-lobte Demokratie hat universelles Menschenrecht nicht ver-gessen, dies war und ist systembedingt eine Frage der Binnenver-hältnisse im Clan, dem Oikos, des Verhältnisses von Herr und Sklave, Mann und Frau, Familie und Fremder, des Patriarchats, kein Vertragsbestandteil. Die Übertragung der Strafe vom Oikos zur Polis, von der Blutrache zum Richter, dies hat die Sklaven nicht befreit. Das universelle Recht der demokratischen Polis war und ist die Ökonomie, das patriarchale Gesetz des Oikos, der innere Frieden als Wirtschaftsfaktor ihre Gerechtigkeit, bei der die Blutrache stört, denn sie geht über die inneren Angelegen-heiten des Oikos hinaus. Der Fortschritt im Rechtswesen kommt aus der Auflösung des Clans, seiner Fragmentierung, die im vor-vorletzten Schritt die noch vor 50 Jahren proklamierte Keimzelle der Demokratie, Ehe und Familie, erfasst hat und die durch die Gleichberechtigung ihrer patriarchalen Justiz beraubt wurde. Anlass war dabei die Verwandlung der Haus- und Ehefrau in einen Homo oeconomicus, ihre Demokratisierung. Die Arbeit an der Demokratisierung der Metöken hat begonnen. Getrieben durch das demographische Problem einer überalterten Gesellschaft, ihren Mangel an Arbeitskräften und Einzahlern ins Sozialsystem, schreitet die Aufnahme fremder qualifizierter Fachkräfte voran. Der naive Wunsch, unsere Homo-oeconomicus-Demokratie widerstandslos auf Clangesellschaften zu übertragen, zeugt von der Unkenntnis der Verhältnisse, diese wehren sich mit aller Gewalt gegen ihre Fragmentierung. Über die Rechte der Kinder wird noch zu streiten sein, z.B. über die freie Wahl der Religionszugehörigkeit, die von der Taufe bis zur Beschneidung für Kinder offensichtlich keine Bedeutung hat, sie sind halt noch keine Homines oeconomici, unterliegen dem Recht der Eltern, der Justiz ihres Oikos – soweit reicht die Freiheit noch nicht: "*Solange du deine Füße unter meinen Tisch stellst, machst du was ich sage!*"

Aristoteles hat diese Demokratie der 10 Prozent als eine Politik, die sich an den Bedürfnissen der Herrschenden orientiert, als entartete Herrschaftsform bezeichnet. Die modernen Demokratien wollen diesen Makel nicht auf sich sitzen lassen und berufen sich auf die Politie, diese ist gekennzeichnet als Regierung durch vernünftige und besonnene Mitglieder der Gemeinschaft, als legitime Mehrheitsherrschaft. Aber was ist das für eine Gemeinschaft, die in der unterschiedlichen Verteilung der Vermögen und der Chancen ihrer Mitglieder so wenig Gemeinsames zeigt? Auch ist die Liste der Entscheidungen der Regierenden nicht immer von Besonnenheit und Vernunft geprägt, nicht nur die Reaktion auf die globalen Krisen gibt darüber Auskunft. Und ist die Mehrheit wirklich mehr als eine Quantität, die keinen qualitativen Einfluss auf die Entscheidungen, die Herrschaft hat, die lediglich den Herrscher als Quantität bestimmt? Auch gehen Mehrheit und Vernunft nicht unbedingt zusammen, mit Identitäten wie Volk und Größe (Dominanz) lässt sich, historisch erwiesen, jedwede Besonnenheit ausschalten – mit dem Versprechen eines Anteils an der Beute im Krieg gegen den Anderen, Massenmord inbegriffen. Den Gesellschaftsvertrag, den Wirtschaftsgemeinschaften verhandeln, kann man auch volkstümlich mit wenigen Worten zusammenfassen: *Geld regiert die Welt*. Auch Ökonomie braucht Vernunft und Besonnenheit, so weit mag es Ähnlichkeiten mit einer vernünftigen Herrschaft geben – aber hinter der Vernunft des ökonomischen Arguments versteckt sich leicht die Herkunft dieser Argumentation, das partikulare Interesse des Oikos, seine aggressive Selbstbehauptung, die entartete Herrschaft.

Herrschaft, die nicht entartet ist, orientiert sich am Gemeinwohl, dem Wohl aller Mitglieder der Gemeinschaft. In einer globalisierten Welt ist auch diese Gemeinschaft global, in einer ökologischen Welt geht sie weit über die Gemeinschaft der Menschen hinaus. Aus dem Gesetz des Haushalts (Ökonomie) ist die Lehre von der Haushaltung (Ökologie) geworden. Um sich von der ökonomischen Globalisierung abzusetzen, wird heute von einer planetarischen Politik gesprochen, der Polis als Gemeinschaft allen Lebens auf diesem Planeten. Hierbei geht es nicht um eine Utopie. Eine Polis ist eine Vertragsgemeinschaft, sie konkretisiert sich in ihrem Recht. Das ökonomische Recht der Willkür des Eigentümers ist nicht realer als das Recht auf Leben für alle Lebewesen – der Unterschied besteht in der Gewalt, mit der dieses Recht durchgesetzt wird. Diese Gewalt macht aus der Welt eine Dystopie, die Möglichkeit zur Vernichtung des Rechts auf Leben, durch die Gesetze der Ökonomie einer partikularen Wirtschaftsgemeinschaft. Dieser Vorgang lässt sich historisch, aktuell und weltweit beobachten. Die neoliberale (liberalistische) Floskel von der Versöhnung von Ökonomie und Ökologie ist ein Versuch, die Ökologie in die ökonomische Kriegsrhetorik hineinzuziehen. Im Gemeinwohl repräsentiert das individuelle Wohl das Wohl der Gemeinschaft, das wir in seiner Summe nicht konkret erfassen können. Diese Repräsentanz schließt damit das Wohl jedes Individuums ein, insoweit ist die partikulare Ökonomie bereits in der Ökologie enthalten, eine Versöhnung ist nicht erforderlich. In der repräsentativen Verwendung des Adjektivs *ökonomisch* für sparsam ist dies bereits gut verbunden: dem sparsamen Umgang mit den Ressourcen, die für alle Lebewesen notwendig sind. Der Unterschied besteht in der gewaltsamen Durchsetzung einer partikularen Ökonomie der Stärkeren (dem Überfluss der Einen und dem Mangel der Anderen) oder einer universellen Ökonomie.

Die Herrschaftsform, die sich in ihrer Theorie auf das Gemeinwohl beruft, ist die Republik[5], nicht die Demokratie und auch nicht die Politie, die im Idealfall aus der Minderheitsherrschaft eine Mehrheitsherrschaft macht. Wie es mit der *Diktatur des Proletariats* bereits sprachlich präzisiert wurde, ist auch dies eine Diktatur, von welcher Mehrheit auch immer, also eine der entarteten Herrschaftsformen. Die legitime Politie des Aristoteles setzt eine Gemeinschaft von Gleichberechtigten voraus, eine Gemeinschaft im ursprünglichen Sinn. Dies beinhaltet den gleichberechtigten Zugang zu allen Ressourcen. Aber selbst dieses Gemeinsame bezieht sich nur auf das Binnenverhältnis, der Fremde sollte von dieser Herrschaft verschont bleiben. Athen[6] als Polis war eine Tyrannei für die anderen Mitglieder des attischen Seebundes, insofern scheitert jede wohlwollende Betrachtung der Demokratie an der Globalisierung.

Mehrheiten, selbst wenn diese ohne Manipulation zustande kommen, bilden im besten Fall die Kräfteverhältnisse in einer Gemeinschaft ab. Dies bevorzugt den Stärkeren, der auch in der Gruppenpolarisierung dieses Argument in die Waagschale legen kann. So wird der Stärkere immer stärker, der Reiche immer rei-

---

[5] Monarchie und Aristokratie galten auch als am Gemeinwohl orientierte Herrschaftsformen, durch die Verkörperung der Volkssouveränität in dem Souverän. Dieses idealistische Konstrukt dürfte historisch nur selten seinem Anspruch nahegekommen sein.

[6] Eine Demokratie, in der inzwischen ca. 25 Prozent der Bewohner vertreten waren. Ein wesentlicher Grund für die Steigerung war die Beteiligung der einfachen Soldaten und der Ruderer auf den Trieren, Ausdruck einer wehrhaften Demokratie.

cher, bis die Spannung aus dieser Polarisierung eine Grenze setzt. Soweit sich die lokale Demokratie im latenten Kriegszustand, in der globalen Konkurrenz um die Ressourcen befindet, kann man dieses Vorgehen in darwinistischer Begründung als Erhaltung der Wehrhaftigkeit verstehen, als Selektion der Stärke. Die globalen Folgen kann man sich in den Nachrichtensendungen anschauen, den dort bereits gut dokumentierten Staseis und der systemrelevanten ökonomischen Argumentation, der latenten Stasis.

Betrachtet man sich die Liste der Staaten, die unter Demokratie firmieren – von Demokratische Volksrepublik Korea bis zu Norwegen (nach *Demokratieindex* sortiert), zeigt sich die Spannbreite von Ideal und Wirklichkeit. Das Vertrauen in die Marke Demokratie ist entsprechend. Leider ergibt sich bei der Betrachtung einer Liste der Republiken ein vergleichbares Bild, das Gemeinwohl als *Happy Planet Index* dürfte auch in dieser Liste weit auseinanderklaffen. Die Abwesenheit eines Königs reicht nicht als Garant für Gemeinwohl. Verlässt man die Identitätspolitik, die sich hinter den Markenbezeichnungen der Systeme verbirgt, bleiben die Systeme als Systeme der Kontrolle – je nach Perspektive der Kontrolle der Bevölkerung oder der der Macht. Unberücksichtigt bleiben dabei das Unkontrollierte – von den schwarzen Kassen bis zum Hinterzimmer, vergleichbar mit der Dunklen Materie und der Dunklen Energie im Kosmos – die geschwärzten Stellen im Gesellschaftsvertrag. Im Kosmos erreicht das Offensichtliche gerade 5 Prozent, in der Politik dürfte es ähnlich sein.

Die dunkle Seite der Macht ist ihre Privatangelegenheit, ihre innere Angelegenheit, sie verbirgt sich vor dem Licht der Öffentlichkeit, der res publica, versteckt sich in der Souveränität, ist nur an ihrer Wirkung zu erkennen. Und nach der Fragmentierung des Clans ist dies eine innere Angelegenheit des Homo oeconomicus selbst, wird seine Privatangelegenheit zur politischen Sache. Gleich den Astronomen bei der Erforschung des Kosmos lässt sich mit der Mathematik (*gr.: die Kunst des Lernens*) auch Licht in die dunkle Energie der Polis bringen, mit der Betrachtung ihrer logischen Gestalt und der Auswirkungen ihrer Politik. Charles Sanders Peirce begründet seine Zeichentheorie mit der logischen Form der Kategorien, die damit zur logischen Form unserer Erkenntnis werden. Mit dieser Logik lässt sich auch die Politik untersuchen, zur Entdeckung ihrer Zeichen und Kategorien und der logischen Natur ihrer Beziehungen. Die Schere zwischen Arm und Reich ist so eine logische Form, sie beschreibt eine Wechselwirkung, in dem Bild der Schere für jeden sichtbar gemacht.

Der Titel ist bereits das Inhaltsverzeichnis zu diesem Text. Semiotik und politischer Raum als Attribut, um zu präzisieren, was diese Zeichentheorie beschreibt. Hierbei entsteht der politische Raum durch die Zeichen, die seine Koordinaten beschreiben. Eine kleine Semiotik, weil sie sich auf die grundlegenden Elemente des beschriebenen Raums beschränkt. Gefüllt wird dieser Raum mit Beispielen zu diesen Dimensionen. Sichtbar sind dabei nur Oberflächen, in das Innere gelangt man notwendigerweise nur mit der Zeit, dem Studium, der Lebenszeit, der Geschichte. Verbunden zu einem Raum sind diese Dimensionen durch Kommunikation –

eine Semiose, einen Zeichenprozess. Der politische Raum stellt gleichfalls eine deskriptive Grammatik dieser Kommunikation zur Verfügung, eine Grammatik der Politik.

2. Prämissen

2.1 Mittelpunkt

Versteht sich das Selbstverständliche von selbst?

Natürlich dreht sich die Sonne um die Erde, von der Erde aus betrachtet. Diese Tatsache ist uns so selbstverständlich, dass wir es selbst nicht mehr zu verstehen brauchen. Damit wir die Erde verlassen können, mit dem Teleskop, unserem Geist oder mit einer Rakete, haben wir das Zentrum der Betrachtung in die Sonne verlegt – die Erde dreht sich nun um die Sonne. Nicht ganz, ein Teil der ersten Behauptung ist bei genauer Berechnung einer der Ursachen dieser Drehung, der Gravitation, geblieben. Auch die Erde hat eine Masse, die die Sonne bewegt. Auch wenn diese relativ zur Sonne klein ist, so reicht sie doch, uns mit unseren Füßen auf den Boden dieser Tatsache zu stellen. Nun liegt das Zentrum der Betrachtung irgendwo zwischen dem Mittelpunkt der Sonne und dem der Erde, nicht geozentrisch, sondern eher heliozentrisch. Unzufrieden mit diesem Ergebnis, haben wir auch diesen Ort der Betrachtung verlassen, er war uns nicht ausreichend, um den Lauf aller Dinge zu erklären. Vom Sonnensystem in unsere Galaxis und weiter, kein fester Bezugspunkt, geblieben ist nur die Gravitation. Unzählige Teilchen, soweit sie Masse haben, zerren an diesem Raum herum, verformen die Raumzeit, verbergen die Gravitation in ihrem Inneren vor den neugierigen Blicken der Teilchenphysiker, einzeln kaum zu messen. Mit vereinten Kräften haben sie kosmischen Folgen.

Mit unserem Geist können wir Über-All sein, im Hier und Jetzt leben wir aber auf der Erde. In unseren Handlungen sind wir bestenfalls geozentrisch organisiert, alltäglich kann man eine egozentrische Organisation von Handlungen sogar leichter beobachten als Entscheidungen mit kollektivem Bezug. In wirtschaftspolitischen Ideen, die den Homo oeconomicus in das Zentrum ihrer Theorien gestellt haben, wird das Egozentrische als alleiniger Motor für das Handeln betrachtet. Die Globalisierung würde eine geozentrische Betrachtung erfordern, das Eigentum steht dem allerdings im Wege, es ist nach heutigem Verständnis egozentrisch organisiert. Eine Betrachtung ohne Zentrum (den Betrachter) ist nicht möglich, eine mit dynamischen Zentren erlaubt uns die Reise durch den Weltraum. Das Leben auf der Erde braucht eine geozentrische Perspektive, einen weltweiten Perspektivwechsel. Das eigene Überleben kann man durchaus egozentrisch verstehen, allerdings lebt und stirbt man dann allein. Dieses Zentrum ist daher unpolitisch, unökologisch, unsozial, denn es ist ohne Welt. Ein Ich, welches in der Welt lebt, gewinnt viele Perspektiven. Auch das eigene Überleben stellt sich daher als geozentrische Angelegenheit dar, so lange, bis wir die Erde verlassen wollen oder müssen. So weit betrachten wir die

Physik Newtons als ausreichend zur Erläuterung irdischer Angelegenheiten.

2.2 Raum

Raum, was ist das eigentlich? Raum ohne Inhalt nennen wir auch das Nichts. Manche nennen es Leere, hier wird der Raum zu einem Behälter für Inhalt, vergeblich wird man sich dann auf die Suche nach den Außenwänden machen, um diesen Behälter zu verstehen. Ohne Inhalt (Teilchen), ohne Gravitation, ohne Energie, unbeleuchtet, ohne Veränderung bleibt nur ein unvorstellbares Nichts, kann die Vorstellung von einem Etwas nicht stattfinden. Weil Physiker keine Philosophen sind, behelfen sie sich bisweilen mit einer Feldtheorie, um dieses Nichts zu füllen. Ihr Dilemma ist der Raum, in dem sie das Nichts erforschen wollten, sie können ihn forschend nicht verlassen, sonst könnten sie auch nur "Nichts" sagen.

Was ist der Inhalt ohne Raum? In unserer Vorstellung wird jeder Inhalt in einen Raum gesetzt, einen Raum, in dem sich der Betrachter mit dem Betrachteten aufhält. Ohne diesen Raum wären wir alleine, könnten uns in Ermangelung eines Spiegels nicht einmal selbst betrachten. Insofern ist Raum nichts als Beziehung – Beziehungen, die wir egozentrisch dreidimensional ordnen. Die Zeit ist hierbei für den Betrachter nur der zeitliche Abstand zweier Beobachtungen in einem Bezugssystem. Beziehungsgefüge und Feldtheorie unterscheiden sich dabei nicht in ihrem substanzlosen Dasein; das zwischen den Dingen Liegende ist das, was die Dinge zu einer Welt verbindet. Mal als Medium, mal als medial transportierte Information verstanden, ist diese Kommunikation wie das Licht, das die Erscheinung einer Substanz erst hervorbringt.

Die alltäglichste Form von Beziehungen, die wir als Raum empfinden, ist die Sinneswahrnehmung, die uns der Vestibularapparat (Gleichgewichtsorgan) liefert. Oben und unten (Gravitation), Beschleunigungen (+ -) linear und um drei Achsen, geben uns Auskunft über unsere Lage

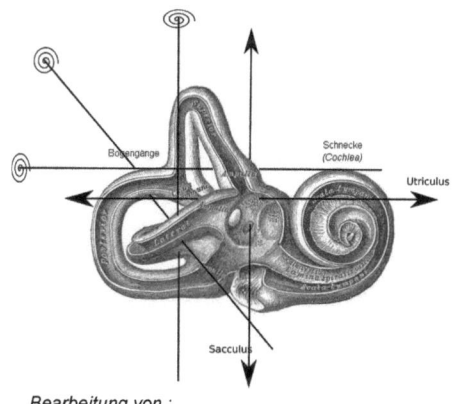

Bearbeitung von :
Henry Gray (1821–1865). Anatomy of the Human Body

und ihre Veränderung in Beziehung zur lokalen Gravitation. Machen wir dabei die Augen auf, können wir uns ein Bild von dieser Lage durch die räumlichen Beziehungen und ihrer Veränderung zu anderen Objekten im Raum machen. Bevor wir uns ein Bild vom Raum machen[7], haben wir nur die auf uns wirkende Gravitation als Bezugspunkt und die Veränderung unseres eigenen Impulses als Information aus dem Vestibularapparat, eine eher zweidimensionale Erfahrung. Erst als Beziehung zu anderen

---

[7] Die Nähe der Cochlea zu den Bogengängen zeugt von der Verbindung des Hörsinns zur Verortung im Raum. Der Sehsinn erfährt die gleiche Koppelung - wie auch das Sensorium des Bewegungsapparats als Körper im Raum. Davon zeugt der Schwindel, der bei einer Störung der Raumorientierung auftritt.

Objekten wird aus der Erfahrung einer Bewegung in Relation zur Gravitation ein Raum.

Dieser Raum der Anschauung wurde seit Euklid als Abbild eines existierenden physikalischen Raums aufgefasst und wird auch als euklidischer Raum bezeichnet. Die Geometrie von Körpern, die Eigenschaften ihrer Elemente Punkt, Linie und Fläche waren lange Zeit zentraler Gegenstand der Erforschung des Raums. Dieses Raumkonzept reichte nicht aus, um neue Entdeckungen der Physiker und Mathematiker zur Anschauung zu bringen. So wurde der euklidische Raum ständig erweitert und ist heute zu einer strukturierten Ansammlung mathematischer Objekte geworden, deren Anschaulichkeit oft den Mathematikern vorbehalten bleibt. Vektorraum, Phasenraum, Minkowski-Raum, Hilbert-Raum, Wahrscheinlichkeitsraum: Die Darstellung von Beziehungen entwickelt sich mit ihrer Entdeckung, die Quantenphysik ist mit der Mathematik der klassischen Geometrie nicht zu erfassen.

Einen politischen Raum gibt es in solch einer mathematischen Form nicht. Im euklidischen Raum lässt sich der Abstand zwischen zwei Punkten messen, in anderen Räumen als Funktion oder Relation darstellen. Aber was sind Punkt, Linie oder Fläche in der Politik? Was ist das Maß für ihre Darstellung oder welche Funktion beschreibt ihre Beziehung? Der politische Raum existiert, denn es ist der Raum, das Beziehungsgefüge, in dem Politik stattfindet. Er ist ohne mathematische Erweiterung dreidimensional, seine Dimensionen werden von unserem Erkenntnisvermögen unserer Wahrnehmung entsprechend geordnet. Statt einer strukturierten

Ansammlung mathematischer Objekte kennen wir die strukturierte Ansammlung politischer Objekte, die von nun an als Zeichen behandeln werden.

Bezeichnen wir in der Politik Oben und Unten, ergeben sich zwar individuell unterschiedliche Vorstellungen, diese haben aber als gemeinsames Zeichen die Macht, die Beziehung zwischen Herrscher und Volk, Souverän und Untertan, Kopf und Körper, Arm und Reich, hierarchische Ordnungen abzählbarer Objekte. Vorne und hinten geben die Richtung an, in die sich das Ganze bewegt. Vorne die Zukunft, das Ziel, der Fortschritt, hinten die Vergangenheit, die Erfahrung, Werte, Tradition und Geschichte – Zeichen mit einer zeitlichen Ordnung, kausale Zusammenhänge, Schuld und Verantwortung. Bleiben Rechts und Links: im politischen Diskurs häufig verwendet, in den zugeordneten Zeichen aber von großer Unschärfe. Die Unterscheidung von Rechts und Links wird spät erlernt, Verwechslungen sind häufig, wir haben wohl zu viel Symmetrie in dieser Dimension für eine gute Unterscheidung. Rechts und Links stehen in Opposition und sind in ihrer Gleichzeitigkeit nicht kausal gebunden, sondern stehen in Wechselwirkung, in einer abhängigen Beziehung, auch dann, wenn dies den entsprechenden Parteien nicht bewusst ist, die rechte Hand nicht weiß, was die linke tut, Arm und Reich sich nicht begegnen.

Diese Dimensionen sind in der Organisation unseres Wahrnehmungsapparates angelegt, der Vestibularapparat steht bei der räumlichen Ordnung Pate. Die neuronale Verarbeitung der Sinnesreize scheint ein Gemeinsames mit den genannten Kategorien zu haben. Betrachten wir Raum nicht als physikalische Gegebenheit, sondern als Beziehungsgefüge, können uns Kants Kategorien der *Relationen* aus seiner transzendentalen Analytik weiterhelfen, die *Substanz*, die *Kausalität* und die *Wechselwirkung*. Diese Kategorien sind nach ihrer logischen Form geordnet und decken sich mit der logischen Form unserer Raumerlebnisse. Die Substanz, das, was der Gravitation ausgesetzt ist, Oben und Unten. Die Kausalität, die Veränderung in der Zeit, Ursache und Wirkung, vorne/vorher, hinten/nachher. Die Wechselwirkung, der aktuelle Austausch von Energie und Information, die Entscheidung des Unentschiedenen, die die Erscheinung hervorbringt, gleichzeitig wie Rechts und Links. Oben und Unten, die Gravitation als Konstante, Vorne und Hinten, die Zeit als Konstante, Rechts und Links, die Energie als Konstante.

2.3 Zeichen

Die Theorie der Zeichen oder die Semiotik ist in einigen Aspekten in der Welt der Intellektuellen angekommen. Begriffe wie Signifikant oder Signifikat werden bisweilen in die Arena geworfen, manchmal mischt sich das Symbol mit hinein und die symbolische Ordnung macht einen ordentlichen Eindruck. Um bei der modernen Semiotik, wie sie von Charles Sander Peirce mitbegründet wurde, zu bleiben, ist hier vom Sema als Zeichen die Rede, welchem eine triadische Form innewohnt. Diese Triade wird bisweilen als semiotisches Dreieck[8] anschaulich gemacht. Das Zeichen (Signifikant), das Bezeichnete (Signifikat) und der Interpretant bilden dieses Dreieck oder die Triade. Einige wesentliche Details werden leicht übersehen, obwohl sie für die weitere Entwicklung bedeutend sind. Wichtig ist, dass es zwischen dem Signifikanten und dem Signifikat keine direkte Verbindung gibt (also auch kein Dreieck). Das Zeichen ist so wenig Beweis für die Realität des Bezeichneten, wie ein Wegweiser nach Rom etwas zu dieser Stadt aussagt. Nicht einmal die Richtung ist garantiert, der Wegweiser zeigt als Tangente der Erdkugel geradewegs in den Weltraum. Die Bedeutung eines Zeichens, welche letztlich als Erkenntnis in unserem Bewusstsein erscheint, ist in dieser Triade der Interpretant. Der Signifikant ist hier das "materielle" (existierende) an dem Zeichen, ein Muster, welches wir wahrnehmend erkennen, Wellen oder Photonen, die die Netzhaut erreichen, eine Frequenz am Trommelfell, ein Neurotransmitter am Rezeptor einer Nervenzelle. Das Signifikat ist Gegenstand der Philosophie seit dem Altertum. Die Realität dieser Welt – als Idee bei den Idealisten, die Welt als Wille und Vorstellung bei Schopenhauer, die Welt als geistlose Substanz bei den Materialisten, um nur einige zu nennen; und auch die Welt als Schöpfung ist nicht selbstverständlich, auch dies ist eine Sache des Glaubens. Die Welt ist "das, was wir sehen und wahrnehmen", diese alltags-

---

[8] Die Bezeichnungen für die dreistellige Zeichenrelation wechseln in der weiteren Geschichte der Semiotik, ihre logische Form bleibt aber im Wesentlichen bestehen. Die Erweiterung zu einem semiotischen Viereck durch den Zeichenbenutzer erscheint hier überflüssig, der Interpretant erfüllt diese Aufgabe bereits.

praktische Annahme hält keiner genauen Untersuchung stand, wir sehen, dass die Sonne am Morgen aufgeht und nachts verschwunden ist und handeln im Alltag entsprechend. Peirce wird nicht zu den Idealisten gerechnet, er gilt als Begründer eines modernen Pragmatismus.

Der wenig beachtete Interpretant ist für eine Semiotik des politischen Raums in seiner Bedeutung kaum zu überschätzen. Sprachlich wird er leicht für ein interpretierendes Subjekt gehalten – "Jedem seine Meinung" ist ein profaner Ausdruck dieses Irrglaubens. Der individuelle Anteil am Interpretanten beschränkt sich auf einen kleinen Anteil eigener Erfahrungen. Diese lassen die Sonne aber um die Erde kreisen und die Erde eine Scheibe sein, bis jemand etwas anderes behauptet – abgesehen von denen, die bei ihrer Suche nach Bodenschätzen nur nach unten schauen und nur erfahren, wie es hell und dunkel wird. Der größte Teil vom Interpretanten ist erlernt, durch Sozialisation, Kultur und Kommunikation angeeignet, geerbt und in den Genen gespeichert. Dazu kommt, dass ein Zeichen alleine zu keiner Erkenntnis führt. Betrachten wir einen beliebigen Begriff als Zeichen, z.B. den Begriff "Stuhl". Ein Stuhl ist ohne das Zeichen "sitzen" nicht zu verstehen, inklusive seinem besitzenden Subjekt. Kulturen ohne Stuhl sehen nur ein interessantes Gebilde; sitzt dann doch jemand auf dem Stuhl, erhöht er sich über die, die auf dem Boden hocken. Viele weitere Zeichen präzisieren den Stuhl: Material, Stil, Status und Beruf des Sitzenden, vom Hocker über den Thron zum elektrischen Stuhl usw. Jedes dieser Zeichen ist eingebettet in einen Strom aus anderen Zeichen, zusammen ergeben sie eine Welt aus Zeichen, in der ein konkreter Stuhl mit einer Geschichte steht. Diese Welt ist der Interpretant, ein Interpretant, in dem auch jemand am Stuhl des Ministers sägen kann. Und fragt der Arzt, ob man Stuhlgang hatte, weiß der Interpretant, was gemeint ist, auch wenn ihm der Gang zum Toilettenstuhl nach der Einführung der WCs nicht mehr präsent ist, er diesen Zusammenhang vergessen hat. Und der Stuhl bei Google/Bilder wird von diesem Interpretanten tausendfach erkannt.

Der Interpretant ist wegen dieser Eigenschaften das Objekt jeder politischen Begierde, Ziel jeder Propaganda. Um sich einen differenzierten und leistungsfähigen Interpretanten zu verschaffen, ist man auf Kommunikation angewiesen, Schule, Bücherlesen, Nachrichten hören – die Liste ist beliebig zu verlängern. Die Pflege dieses Interpretanten kann zur anspruchsvollen Hauptbeschäftigung werden, ein Studium ist nichts anderes. Neue Zeichen und Zeichenbeziehungen werden dann in den Interpretanten aufgenommen, wenn wir sie als wahr annehmen, wenn sie von vertrauenswürdigen Personen oder Institutionen stammen oder von diesen bestätigt werden. Diese Bestätigung ist Grundvoraussetzung für jedes Zeichen und jede Zeichenbeziehung, die interpretierende Wirkung entfaltet. Vom Säuglingsalter an erlernt der kommunizierende Mensch den Unterschied von Wirklichkeit und Traum oder Halluzination durch Bestätigung oder ihr Ausbleiben durch seine Zeitgenossen. Sehen wir später als Einzige, dass in einer Gesellschaft Mäuse herumlaufen, wird die Frage nach unserem Alkoholkonsum nicht ausbleiben.

Es gibt eine Reihe psychologischer Experimente, die den Einfluss von Gruppen auf ein Individuum untersuchen. Das Konformitäts-experiment von Solomon Asch (1951) ist eines der bekanntesten. In diesem Versuch wird mit einer arrangierten falschen Bestäti-gung durch die Gruppe eine Versuchsperson zur Veränderung des Interpretanten gebracht und dazu veranlasst, eine Zeichenbezie-hung zur vermeintlich bestätigten Norm hin zu "korrigieren". In den sozialen Medien funktioniert dieser Mechanismus mit und ohne Arrangement in beängstigendem Ausmaß. Plötzlich sehen Menschen in ihren Blasen und Echokammern Mäuse herum-laufen, die der Autor nicht sieht und deswegen auch nicht bestäti-gen kann.

Gesellschaften erzeugen nicht nur Interpretanten, die die indivi-duelle Erfahrung um ein Vielfaches erweitern, sie sind auf leis-tungsfähige Interpretanten angewiesen. Erkenntnis, das Produkt der Interpretation, ist Grundlage für Entscheidungen, Grundlage des Handelns. Entscheidungsfähigkeit und Handlungsfähigkeit brauchen das Kollektiv und das Individuum zum Überleben, brau-chen es, um in Konkurrenz zu anderen Kollektiven oder Indivi-duen zu bestehen. Die Pflege des Interpretanten ist deswegen institutionalisiert, wird von Eliten kontrolliert und von diesen auch gerne zum eigenen Nutzen und Machterhalt missbraucht. In modernen Gesellschaften, die sich als demokratisch verstehen, unterliegt die Weiterentwicklung des Interpretanten dem Ideal der Freiheit, der Freiheit von Lehre und Forschung, der Mei-nungs- und Informationsfreiheit, der künstlerischen Freiheit, der Freiheit aller Diskurse. Eine der ersten Maßnahmen, die Autokraten dieser Welt ergreifen, ist die Kontrolle dieser Sphäre, die Kontrolle der Medien für Kommunikation, des Austauschs unserer Erfahrungen. Und kurz nach der Machtübernahme kontrolliert der Schwiegersohn des angehenden Despoten den ersten Fernsehsender, der Parteifreund und Spender das größte Haus am Boulevard. Am Ende steht die Kontrolle der Erfahrung selbst, die Kontrolle der individuellen Lebensgestaltung; Sexualität ist dabei ein bevorzugtes Ziel. Und wer den Hut auf der Stange nicht grüßt, landet im Gefängnis, die neue Interpretation dieses Zeichens.

2.4 Neurologisch 1

Die fehlende direkte Verbindung vom Zeichen zum Bezeichneten ist grundlegend für das Verständnis moderner Zeichentheorie, denn leicht wird das Zeichen sonst als Repräsentant eines extern existierenden Objekts, als Repräsentant einer Realität verstanden. Humberto Maturana und Francisco Varela haben mit ihrer Erforschung der Biologie der Erkenntnis diese These neurowissenschaftlich bestätigt. Unser Nervensystem ist ein operativ geschlossenes System, durch die Sinnesorgane kommt kein Abbild der Welt in uns hinein. Aber was kommt denn nun durch die Sinnesorgane? Mehr als wir verarbeiten können, weniger als möglich wäre, wenn unsere Sinnesorgane auch noch UV, IR und Röntgenstrahlen aus dem Quantenkosmos herausfiltern könnten. Wir behelfen uns mit Technik, Mathematik und allerlei Erweiterungen unserer Wahrnehmung. In diesem Chaos der nun schon sinnlich oder technisch selektierten Daten erkennen wir Muster. Erkennen heißt, dass wir sie schon einmal wahrgenommen haben, heißt wiedererkennen, heißt regelmäßig in Struktur (Raum) und Zeit. Solche Struktur ist weiter nichts als ein Zeichen, grundlegendes Element unserer Erkenntnis, unserer neuronalen Verarbeitung, unserer Biologie. Gleichzeitig machen wir Erfahrungen, gute und schlechte, und handeln – in der Regel, um die Guten von den Schlechten zu trennen, zu essen, wenn wir Hunger haben, die Augen zu öffnen, wenn wir auf Nahrungssuche gehen, und dabei nicht gegen den Türpfosten zu rennen, um uns keine Beule am Kopf zu holen. So verknüpfen sich die Zeichen mit diesen sensomotorischen Erfahrungen zu dem, was bereits als Interpretant beschrieben wurde: eine Welt aus Zeichen und Zeichenbeziehungen. Damit ist das Zeichen ein Repräsentant einer Erfahrung und nicht einer Realität.

Es macht einige Schwierigkeiten, sich dieses seltsame Verhältnis zur Welt vorzustellen, gleicht doch diese Vorstellung einem Blindflug, einem Flug durch den Kosmos. Das Leben ist dann wie ein Instrumentenflug, der einzig sichere Horizont ist ein künstlicher Horizont, von Erfahrungen justiert. Maturana und Varela haben den Begriff Autopoiese geprägt, um diesen Sachverhalt zu beschreiben, Autopoiese – die Selbsterzeugung. Dieser Begriff wurde eingeführt, um lebendige Systeme zu beschreiben, diese von leblosen Systemen zu unterscheiden, Systeme, die Erfahrungen speichern, kommunizieren, verwerten und vererben können. Diese Selbsterzeugung ist dabei kein einmaliger Akt, sie wird kontinuierlich hervorgebracht, als dauernder Prozess ist sie eine Selbststeuerung, ist sie unser Blindflug, ein Erkundungsflug durch unbekanntes Terrain, bestens geeignet für ein Leben, das eine offene Zukunft hat. Das operativ geschlossene System unserer neuronalen Verarbeitung der Zeichen verschafft sich so die Möglichkeit, in einem offenen dynamischen System zu bestehen. Für diese Lebendigkeit braucht es keine Kognition, kein Bewusstsein, wie wir es verstehen. Auch Moleküle erkennen, wenn sie autopoietisch organisiert sind, die passenden Partner, die für eine Verbindung, die Vermehrung, als Energielieferant brauchbar sind. Das fängt bereits bei den Viren an, die ihre Erfahrung einer neuen Mutation an die nächste Generation weitergeben.

Der Mensch steht als Individuum nicht an der Spitze dieser Entwicklung – als Individuum betrachtet, ist er vielen Lebewesen unterlegen. Anders sieht es mit der Menschheit aus, der organisierten Verbindung ihrer Individuen, schlagkräftig genug, um die Erde nachhaltig umzuformen, bis hin zu ihrer Verwüstung. Autopoiese also auch für Gesellschaften – Niklas Luhmann hat diesen Begriff für seine soziologische Systemtheorie übernommen. Und wem das nicht ausreicht, der kann mit Gaia, der Vorstellung, dass unsere Erde gleichfalls als lebendiger Organismus autopoietisch organisiert ist, den Bogen weiterspannen, dem Blindflug unseres Planeten durch den Kosmos. Menschheit versus Gaia, diese Konstellation ist nur scheinbar widersprüchlich, der Konflikt löst sich mit der Frage des Überlebens. Gaia als lebendige Organisation oder als toter Planet, mit oder ohne Menschheit, das sind die drei möglichen Antworten, von denen nur eine für die Menschheit erfahrbar ist.

2.5 Meinungen

Während ein Virus den Interpretanten in seiner molekularen Struktur ablegt und durch Mutationen erweitert, denken wir uns für die Menschen einen geistigen Interpretanten, ein Bewusstsein, welches durch Erfahrung erweitert wird. Die molekulare Basis für dieses Bewusstsein ist nach wie vor unbekannt, zu komplex erscheint unser Organismus für eine Untersuchung. Auch ist nicht geklärt, ob unser Gehirn nur das Sinnesorgan ist, mit dem dieser Interpretant, diese Welt aus Zeichen wahrgenommen wird, eine molekulare Struktur einem Wahrnehmenden so einen Teil ihrer Information preisgibt. Für Maturana ist es die Wahrnehmung einer Handlung. So, wie wir eine Körperbewegung wahrnehmen, so nehmen wir die Selbsterzeugung (Autopoiese) als Bewusstheit wahr. Materialisten beschreiben diese Körper-Geist-Problematik auch gerne als Emergenz. Schließen sich genug Viren zu Zellen, Organen, Organsystemen usw. zusammen, fangen diese irgendwann an zu denken, aber wann ist es so weit?

"Ich denke, also bin ich" (ein Ich) – Descartes Bemerkung setzt seinen bewussten Anteil am Interpretanten mit dem Sein gleich, nimmt eine Erfahrung als Beweis, dass er mehr als eine Idee ist. Von Viren und komplexen Molekülen wusste man damals noch nichts, nichts von Genetik, neuronalen Strukturen oder anderen möglichen Kandidaten für Kognition. Nach mehr als 400 Jahren hat die Gravitation Descartes' Wirbeltheorie verdrängt und sein mit Materie gefüllter Raum hat viele Leerstellen zwischen den Quanten erhalten, aber die Verschmelzung des eigenen Denkens mit dem Sein als vernunftbegabte Krönung der Schöpfung erscheint ungebrochen als selbstverständlich. Viren haben also kein "Ich bin", auch wenn jedes Virus seinen Willen zum Überleben in der Infektion zum Ausdruck bringt. Und wie sieht es dann mit Affen, Walen oder Schweinen aus? "Ich denke", diese Aussage beschreibt nach Maturana eine Selbstwahrnehmung, die sich durch jede andere Selbstwahrnehmung ersetzen lässt, und jede Selbstwahrnehmung hat ein Wahrnehmendes und damit ein Bewusstes. Und nach Maturanas These ist jede Autopoiese, d.h. jedes lebendige System wahrnehmend, sonst könnte es nicht auf die Umwelt reagieren. So weit ist aber auch jede Handlung, die in einer Beziehung zur Umwelt steht, die auf Kommunikation beruht, die zwischen Selbst und Nicht-Selbst unterscheidet, ein Kandidat für Bewusstheit, welcher Art auch immer diese Bewusstheit sein mag.

"There is no such thing as society" – Margaret Thatchers oft kolportierter Ausspruch ist von gleicher Güte, auch wenn er, von Milton Friedman ausgehend, zur erfolgreichen Durchsetzung des (Neo-)Liberalismus beigetragen hat. Die Betrachtung von Gesellschaft und dem staatlichen Handeln einer Elite (government), verbunden mit der sozialen Isolation des politischen Subjekts als Homo oeconomicus, macht das Soziale zu einem abstrakten Gebilde, hinter dem sich die Repräsentanten ökonomischer Willkür verstecken. Brecht sagt es wenigstens ohne Abstraktion: *Erst kommt das Fressen, dann die Moral*". Aber weiter erkennt Brecht: *"Erst muss es möglich sein, auch armen Leuten vom großen Brotlaib sich ihr Teil zu schneiden"*, bevor das Soziale auch im individuellen Interpretanten wirksam wird – durch die Verknüpfung von sozialer Erfahrung, Handlung und Wahrnehmung.

Zu einem Standpunkt kommt man auf einem zurückgelegten Weg, ein anderer Weg führt zwangsläufig zu einem anderen Standpunkt. Wenn man denn überhaupt innehält, haben Standpunkte ihre Berechtigung als Aussage zum zurückgelegten Weg. Fehlt das Soziale auf diesem Weg, sind wir auf das asoziale Ich reduziert, ein Weg als einsame Bahn ohne Welterfahrung. Der Standpunkt wird dann zur Meinung, als Pleonasmus gesteigert zu "meine Meinung". Allgemeingültige Aussagen sind allenfalls vorstellbar, wenn der zurückgelegte Weg die Welt wie ein Netz umspannt, vom einzelnen Wanderer kaum zu bewältigen. Allgemeingültige Meinungen sind ein Unding, auch wenn ein solcher Anspruch die Medien und die Agora als schwer erträgliches Übel überschwemmt. "There's no such thing as society" – Meinung, Standpunkt oder von Evidenz für die Ausführung der Streichung des Zeichens *society* aus dem Interpretanten, der Negation eines Bewusstseins: "Wir sind"

Der Interpretant ist sowohl überindividuell als auch individuell, Freuds Aufteilung der Seele in *Überich* und *Ich* bringt Gleiches zum Ausdruck. Als Drittes kommt noch das *Es* hinzu, von der molekularen Ebene als Mutation, als neue Verbindung, bis zur kognitiven Ebene als Streben zur Realisation von Möglichkeiten, oder empfunden als Trieb, als Vitalität. Ohne *Es* keine Zukunft, ohne *Überich* keine Vergangenheit, ohne *Ich* keine Gegenwart.

3. Relationen

3.1 Substanz

Die erste Kategorie der Relationen ist nach Kant die *Substanz*. Der Stoff, die Materie, das, woraus die Dinge gemacht sind, das, was in Beziehung treten kann, das, worauf die Kräfte dieser Welt einwirken können, z.B. die Gravitation. In der Politik sind dies die Angehörigen der Polis, also die Menschen oder Bürger:innen nach unserem aktuellen Verständnis. Es gibt auch ein paar Stimmen, die Tiere, Natur, Umwelt und Ähnliches als Subjekte in die Politik einführen wollen, bisher kommen diese aber nur als Objekte von Politik vor und beim Homo oeconomicus nur als Objekt der Begierde. Bleiben wir allgemein, sind hier Dinge gemeint, die der Gravitation unterliegen; mehr wissen wir noch nicht, da Weiteres erst erkennbar wird, wenn Dinge in Beziehung treten, ihr inneres Potenzial sich in Interaktionen mitteilt. Zuerst erscheint uns Substanz nur als Teilchen, tritt wie die Akteure der Politik zuerst als Quantität auf, man kann sie zählen und benennen, mehr nicht. Die Zählbarkeit verbleibt oft genug der einzige politische Ausdruck des wählenden Bürgers. Nehmen wir Kants Kategorien der Quantität zur Hilfe, wird eine innere Struktur von Quantität erkennbar. Unsere Urteile die Quantität betreffend enthalten die *Einheit*, die *Vielheit* und die *Allheit*. Nehmen wir die Menschen als Quantität in der Politik, haben wir die Menschheit (den Menschen) als Einheit, die vielen verschiedenen Menschen als Vielheit und die Menschlichkeit oder die Würde und das Recht darauf als Allheit. Der Ruf nach Menschenrechten kommt aus dieser Bestimmung des politischen Subjekts. Das aktuelle Angebot an Einheiten lautet eher Nation oder Volk, aber Rasse, Religion und andere fragwürdige Einheiten tummeln sich auch noch auf dem Marktplatz. Einheit ist nicht zählbar, ihre Zahl steckt bereits in dem Begriff. Zählbar ist die Vielheit, aber wie viele gehören zur Einheit? Um die Guten von den Schlechten zu unterscheiden, braucht es die Allheit, das, was alle gemeinsam haben müssen, um zur Einheit zu gehören. Bei der Nation die Geburt innerhalb der eigenen Grenze, die eigene Begrenztheit, beim Volk eine gemeinsame (eigene) Kultur und Sprache, bei der Religion das Ritual, bei der Rasse der Rassismus, bei der Einheitspartei die Partei selbst. Jedes dieser Konzepte scheitert spätestens an der Globalisierung, die Flüchtlingsdebatten dokumentieren dies eindrücklich. "There is no such thing as human rights" – dies hat Margaret Thatcher nicht gesagt, aber dies könnte durchaus eine Erkenntnis aus der Betrachtung unserer Welt sein. Dabei ist zu beachten, dass jede Einheit und ihre zugehörige Allheit kein Ding (such thing) sind, nur die Vielheit hat diese Existenz, ist von Substanz. Die Vielheit ist allerdings ohne Allheit und Einheit nicht zählbar, nicht zu bestimmen, nicht zu benennen, kann so kein Subjekt von Politik sein, denn die Polis ist eine Vielheit auf der Suche nach ihrer Einheit und Allheit. Und neben der Menschheit als Einheit befinden sich in unserer Welt noch viele weitere Einheiten. Wenn wir Äpfel nicht mit Birnen vergleichen wollen, können wir immer noch über Obst reden.

Diese Kategorien der Quantität sind noch keine Koordinate im politischen Raum, es fehlen noch Ordinaten, mit denen sie koordinieren kann. Aber es gibt bereits eine Orientierung im Raum, denn auf die Substanz wirkt die Gravitation unseres Planeten. Das Zentrum dieser Gravitation wird von unseren Sinnen unten verortet, dem Boden, auf dem wir mit unseren Füßen stehen. Oben dann der Himmel oder die Zimmerdecke als Schutz gegen seine Unbill. Auf dem Boden der Tatsachen stehen wir als Vielheit, im Himmel thront Gott als Einheit. Als Einheit unterliegt Gott nicht der Gravitation einer lokalen Zusammenballung von Masse, als Einheit hebt er alle Gravitation der existierenden Vielheiten in sich auf, so kann er im Himmel umherschweben. Auch die Allheit hat ein eigenes Verhältnis zur Gravitation; bleibt sie bei der Vielheit, zerstreuen sich ihre Kräfte, neutralisieren sie sich bei gleichmäßiger Verteilung: der prähistorische Zustand vor dem Urknall. Allheit wird aber gebraucht, um Einheiten zu bilden, mit anderen Teilchen in Verbindung zu treten, Vielheit zu einem Zentrum, einem Teil, einer Partei zusammenzuballen, der Gravitation vieler Teilchen ein gemeinsames Zentrum, eine egozentrische Richtung zu verschaffen. Erst diese gebündelte Gravitation hat eine gerichtete Wirkung auf Newtons Apfel, wird von uns als Schwere, als gerichtete Kraft, als Macht wahrgenommen. In unserer Wahrnehmung ist jede Allheit Gravitation und Macht, so, wie die Gravitation die Allheit von Substanz ist, die Anziehungskraft ihrer Masse – oder relativ betrachtet: ihre Trägheit bei der Reise durch die Raumzeit, ihre Wechselwirkung mit dem Higgs-Boson. Der Teufel unten in der Hölle, er hat die Menschen zur Erkenntnis von Gut und Böse verführt, zur Bildung von Allheiten, unabhängig von der einzigen Allheit einer göttlichen Einheit, der Gravitation selbst. Um die Arbeit am Interpretanten zu ermöglichen, hat der Schöpfer vorgesorgt: Genesis 2,18-24. *Dann sprach Gott, der Herr: Es ist nicht gut, dass der Mensch allein bleibt.* So rottet sich die versprengte Schar immer wieder zusammen, um Politik zu machen und in den Krieg zu ziehen. Die Gravitation gibt selbst den Teilchenphysikern noch Rätsel auf.

Monotheistische Theologie hat diese Verhältnisse immer in gleicher Weise als Hierarchie dargestellt, der Pantheismus verstreut seine Zentren über die Welt, neutralisiert so Oben und Unten als Ordinate der Macht, richtet diese eher horizontal aus. Die Gleichwertigkeit allen Seins und die Verschiedenheit eines göttlichen Wesens von Materie und Welt ist der Streitpunkt dieser Theologie. Kategorien kann man gerne einzeln betrachten, separieren kann man sie nicht. Einheit ohne Vielheit ist unvorstellbar, es wäre eine Einheit von nichts. Einheit von allem können wir uns nur als Abstraktion vorstellen, wir sagen im Alltag "alles" dazu und deuten damit nicht mehr auf Einzelnes und Vorstellbares. Jede Quantität beinhaltet immer diese drei Kategorien, oder sie befindet sich jenseits unseres Erkenntnisvermögens wie ein von der Vielheit separierter Gott oder die Allheit von allem, die Weltformel. Und jede erkannte Einheit braucht das Uneinheitliche zu ihrer Wahrnehmung, den Hintergrund, auf dem dieses Zeichen erkannt wird. Und bei begrenzter Erkenntnisfähigkeit braucht es einen starken Kontrast, wir sind die Guten, die Besten!

Im Laufe der Geschichte haben die Menschen die Götter ihrer Gravitation unterworfen; ihr Niedergang vom Gott zum Gottkönig, vom Gottkönig zum König, vom König zur Exekutive in der Gewaltenteilung, sie nähern sich zunehmend dem Boden der Tatsache – die Orientierung in der Vertikalen aber bleibt, verallgemeinert nennen wir das Hierarchie. Es sind und bleiben Stellvertreter der Götter, Vertreter von Einheit, ihre Repräsentanten. In der Hierarchie stehen sie oben, als Einheit mit der Zahl eins bilden sie eine Spitze aus, die Vielheit ist der Inhalt dieser Pyramide. Als Basis die Allheit als diabolische Verführung zur Blasphemie, Spielball für allerlei Demagogie. Was ist die Allheit von Volk: der Demos der Demokraten oder der Populus der Populisten? Im Idealfall repräsentiert die Allheit auch den Inhalt dieses Dreiecks, würde jede enthaltene Quantität darin gleich machen, den lebendigen Chef mit seinem Untergebenen – aber der Chef selbst ist von anderer Realität.

Hört man Politikern in unseren Medien aufmerksam zu, ist die Rede von Einheit kaum zu überhören, so auch die Einheit der Demokraten. Vergeblich wartet man aber auf die Erklärung der zugehörigen Allheit. Einheit als Angebot einer Zugehörigkeit, eines Schutzes gegen Ausgrenzung aus derselben, ein Schutz, ohne das Kleingedruckte des Vertrages zu kennen. Die Frage nach dem Verschwiegenen ist auch die Frage nach der Verantwortung für den demokratischen Populismus, der die Beziehung von Arm und Reich auf den Neid der Armen und das Verdienst der Reichen reduziert, die Machtfrage verschweigt, damit sie nicht gestellt wird. Um etwas über diese Allheit zu erfahren, braucht es die Lektüre von Hobbes, Hannah Arendt, Michel Foucault, Giorgio Agamben, um nur einige zu nennen – keine Sache der Öffentlichkeit. Noch ist dies eine Privatangelegenheit der Eliten. In der Hierarchie nahe der Spitze zeigen sie wenig Neigung, ihre Basis der Öffentlichkeit preiszugeben. Sie folgen eher Machiavelli und nennen es politischen Realismus. Die Masse kennt ihre Allheit nicht – wozu ihre Aufklärung über die Zusammenhänge von Macht? Nennen wir sie doch einfach Mitbürgerinnen und Mitbürger, obwohl wir Konsumenten meinen.

Seit unseren Erkenntnisfortschritten in Kosmologie und Teilchenphysik kennen wir auch das finale Schicksal jeder unbegrenzten Zusammenballung von Masse, der Implosion der distanzierenden Kräfte. Bei ungestörtem Wachstum wird sie zu einem Schwarzen Loch, aus der Summe dieser Anziehungskräfte gibt es dann kein Entkommen mehr, diese Hölle würde uns verschlingen und hinter dem Ereignishorizont gefangen halten. Das Imperium ist das Schwarze Loch der Politik, die Wahnidee einer weltweiten Unterwerfung jedweder Individualität, das Leben als Farce, als Choreographie eines selbsternannten großen Stellvertreters, der die uniformierte Parade von Patrioten im Gleichschritt abnimmt und das große Wort von der Einheit ausspricht.

3.2 Signifikat

Die einfachen Dinge werden leicht in ihrer Bedeutung unterschätzt, der Punkt ist ein solches. Am Ende eines Satzes, wenn die Aussage auf den Punkt gebracht wird, verbleibt dieser kleine

Fleck aus Tinte, bei genauer Betrachtung eine Fläche, als Tinten-auftrag sogar ein kleiner Körper mit drei Dimensionen. Der Punkt als Nulldimension wäre unsichtbar, wir behelfen uns mit einem Zeichen und vergessen dabei leicht, dass sich ein Punkt unserer Wahrnehmung entzieht. Der Punkt hat kein Oben und Unten, kein Rechts und Links, keine Differenzierung hat in ihm Platz. Mit dem Freiheitsgrad null ist er für sich alleine, selbst seinen Ort oder sein Datum werden ihm von der Raumzeit verliehen, von Beziehungen zu anderen Objekten, die er für sich alleine nicht hat. Seinen Namen bekommt er von uns, wenn wir ihn als Zei-chen erkennen. Wir erkennen ihn an seiner logischen Form, an der Abwesenheit jedweder Relation, denn diese bräuchte ein Zweites. Zwei Punkte, verbunden durch eine Relation, kann man als Linie darstellen, als erste Dimension. So ist ein Punkt, wenn wir ihn trotz seiner Dimensionslosigkeit sehen können, bereits kein Punkt mehr, denn auch die Sichtbarkeit ist eine Relation, eine Verbindung zwischen Punkt und Auge durch Licht. Verbinden wir zwei oder mehr Punkte durch Relationen, kommen wir über die Linie zur Fläche zum Körper. In jeder Dimension lassen sich nun zwischen den dimensionslosen Punkten weitere Punkte defi-nieren, in dem Freiheitsgrad, den der Punkt nun gewonnen hat. Heute bilden wir virtuelle Punktwelten mit Pixeln auf Bildschir-men ab und übersehen dabei leicht die Natur des einzelnen Punk-tes, aus dem diese Welten gebaut sind. Obwohl der Punkt bei-nahe wie ein Nichts daherkommt, zeigt er sein Potenzial, wenn er sich mit anderen Punkten verbindet. Entfernen wir alle Punkte oder Pixel aus dem Abbild unserer Welt, bleiben nur die Relationen als Relationen von nichts übrig, also nichts.

Die gleiche logische Form finden wir in dem Zeichen wieder. Ohne Zeichenbeziehungen zu anderen Zeichen sind sie weiter nichts als ein Potenzial für eine Relation, eine Möglichkeit. Haben sie dieses Potenzial nicht, sind sie unmöglich, bleiben selbstbezüglich. Die Zeichen, die wir erkennen, erkennen wir in ihren Relationen, in ihrem Zusammenhang mit den anderen Zeichen, der uns das Bild unserer Welt liefert durch unseren Interpretanten. Hinter dem wahrgenommenen Zeichen verbirgt sich das unwahrnehmbare Signifikat.

Die Substanz hat die gleiche logische Form wie der Punkt, sie ist zuerst nur Potenzial, Möglichkeit, ist eine Sache an sich, ohne Relation entzieht sie sich der Wahrnehmung. Verbindet sich die Substanz zum Ding, zur Welt, zeigt sie sich in ihrem Potenzial. Ein einzelnes Teilchen mag eine Masse haben, doch ohne Einwirkung auf ein anderes ist dies ohne Bedeutung. Die Gravitation ist eine Relation, ohne Substanz verschwindet auch sie im Nichts. Und ohne die Relation, die wir Sichtbarkeit nennen, tritt die Substanz nicht in Erscheinung, bleibt sie als "dunkle Materie" unsichtbar.

Die Substanz unserer politischen Welt ist das Subjekt der Politik, die Bürger:innen. Die Relation, die diese Subjekte zur Polis verbindet, nennen wir Politik, die Macht, die diese Welt gleich der Gravitation zusammenhält. Das Subjekt der Politik ist ohne Relation, Kommunikation, Kollaboration usw. nur Potenzial, Möglichkeit für Politik, ist alleine unpolitisch. Das Potenzial des politischen Subjekts entfaltet sich zwangsläufig, da dieses nicht alleine leben kann, denn Leben ist ohne Relation zur Welt nicht denkbar, ist alleine so lebendig wie die letzte Szene aus Stanley Kubricks *2001: Odyssee im Weltraum*. Dave verschwindet in der unendlichen Ferne des Raums, hängt noch wie ein Embryo an einer Nabelschnur, seine letzte Relation, die zum Zuschauer, endet mit dem Film, es wird dunkel, der Abspann beginnt. Politik, Kommunikation oder andere Relationen sind ohne ihre Subjekte auch ohne Realität, der Herrscher ohne Untertanen ist wie der König in der Erzählung *Le Petit Prince* von Saint-Exupéry, aber nur, solange der kleine Prinz auf seinem Asteroiden zu Besuch kommt. Klug wie er ist, verlässt der kleine Prinz den König, da er bei diesem nur Untertan sein kann. Damit gibt es den König nur noch als Potenzial, als Möglichkeit, als traurige Gestalt. Und die Demokratie braucht Demokraten, die Untertanen ihren Führer, die ungebundenen Emotionen den Populisten.

Bei der Beobachtung der kosmischen Ereignisse ist die kreisförmige Bahn auffallend, sie durchdringt das Weltall wie ein morphologisches Prinzip. Zusammenballungen von Masse umkreisen sich, widersetzen sich der Gravitation (der Macht) anderer Agglomerationen durch einen eigenen Impuls und der daraus resultierenden zentrifugalen Kraft. Der eigene Impuls richtet sich in der Kreisbahn wie eine Koordinate im rechten Winkel zur gebündelten Gravitation orthogonal aus und wehrt sich mit der Trägheit seiner Masse gegen das Schwarze Loch, die Vernichtung des eigenen Impulses, der distanzierenden Kräfte, der Individualität. In das eindimensionale Modell von Gravitation und

Masse ist eine Bewegung in Relation zur Gravitation gekommen: die Umlaufbahn, die Bahn durch die von Massen verformte Raumzeit. Im Wiedererkennen der kosmischen Zeichen entsteht die Erkenntnis von Zeit, von der Stunde zum Tag, zum Jahr, zur nächsten Sonnenfinsternis. Theologisch spannt sich diese Zeit von der Schöpfung bis zur Offenbarung, Gott und die Vielheit in der Zeitdimension, die Offenbarung der Allheit als Finale.

3.3 Kausalität

Die zweite Kategorie der Relationen ist nach Kant die *Kausalität*, Ursache und Wirkung im Lauf der Zeit. Um etwas mehr Licht in diese Angelegenheit zu bringen, die für uns mit dem Tod endet, bemühen wir die Kategorien der *Modalität* (unseres Urteils die Wahrheit betreffend). Nach Kant sind dies die Kategorien *Möglichkeit, Wirklichkeit (Existenz)* und *Notwendigkeit*. In unseren Urteilen die Zeit betreffend finden wir diese Kategorien wieder. Wirklichkeit (Existenz) begegnet uns in der Gegenwart, die beiden anderen Kategorien von Zeit erscheinen dort als Erinnerung und Vorstellung. Unsere Vorstellung einer Zukunft ist eine Vorstellung von Möglichkeiten, ihre Bestätigung erfahren diese erst in der Wirklichkeit, wenn wir in der Gegenwart ihrer Wirkung begegnen. Erleben wir diese Wirklichkeit in der Zeit, erkennen wir diese Wirklichkeit als notwendige Bedingung, als der Erscheinung innewohnendes Gesetz. Wir erinnern wiederkehrende Wirklichkeit und vertrauen auf den Sonnenaufgang am nächsten Morgen. Die Erkenntnis der Ursache, die notwendig diese Wirkung hervorbringt, ist eine Sache der Erfahrung, die Verknüpfung von Wahrnehmung und Handlung, die Autopoiese. Der antike Bauer, der auf dem Acker steht und den Sonnenstand beobachtet, um den besten Zeitpunkt für die Aussaat zu bestimmen, sieht die Sonne auf- und absteigen, Helios lenkt seinen Wagen über den Himmel, der Bauer seinen Karren über den Acker und nachts gehen beide schlafen. Der Astronaut sieht von der Weltraumstation, wie sich die Erde im Sonnenlicht dreht und denkt mit Respekt an Kopernikus, Galilei und Kepler, ihren Blick durch das Teleskop. Der Ingenieur berechnet seinen Flug als Relation im Gravitationsfeld unseres Sonnensystems, dafür hat er sich einen Vektorraum geschaffen, spannt Tensorfelder in der Raumzeit auf.

Im politischen Raum erscheinen die Kategorien der Modalität als Ziele, Regeln und Werte, als Kategorien der Angelegenheiten, die in der Polis verhandelt werden. Ziele sind unsere Wünsche die Zukunft betreffend. In dem unendlichen Meer der Möglichkeiten fischen wir nach den Objekten unserer Begierde. Bis die Ziele realisiert sind, sind sie Zukunft und Möglichkeit, erst später wird sich zeigen, ob Wahlversprechen doch eher Unmöglichkeiten waren, sie keine zukünftige Gegenwart hatten. Werte sind Notwendigkeiten, extrahiert aus unseren Erfahrungen, sie kommen aus der Vergangenheit, ihr Alter ist bisweilen kaum zu ermitteln. "Du sollst nicht töten" ist mindestens alttestamentarisch, der Schutz des Lebens, seine Würde ein Wert, überlebensnotwendig. Im Koordinatensystem von Quantität und Modalität kann dieser Wert einer Einheit zugeordnet werden, von einer Vielheit geteilt werden. Als Gesetz eines Gottes betrifft er die Vielheit seiner Gläubigen, als Gesetz einer Nation sind es die Besitzer des richtigen Passes – kein prinzipielles Hindernis für Krieg, Scheiterhaufen, Pushbacks und Schlachthaus.

Regeln sind Gegenwart, auch wenn Regeln bereits viel Staub in ihrer Geschichte angesetzt haben. Regeln sind im Moment einer Entscheidung von Bedeutung, betreffen eine Handlung – und Handeln ist Gegenwart. Regeln liegen im Spannungsfeld von Werten und Zielen. Das Verfolgen von Zielen ohne Rücksicht auf Werte kennen wir aus dem politischen Realismus, der Schule Machiavellis. Autokraten, Wirtschaftsradikale, Eliten, die sich außerhalb herrschender Gesetze wähnen: ihr Zweck heiligt die Mittel. Politische Regeln nennen wir Gesetze, jenseits von Tyrannei sind sie ein Kernelement der Machtausübung.

Ohne Tyrannei oder Willkür einer Elite ist die Verhandlung der Gesetze eine öffentliche Sache, eine *res publica*. Schaut man sich die Liste der Staaten an, die unter Republik firmieren, scheint dieser Begriff eher eine Utopie zu beschreiben denn die Wirklichkeit. Die öffentliche Verhandlung findet im Gravitationsfeld der Polis statt, Vertreter von Einheiten bündeln ihre Kräfte in Hinterzimmern – in der Regel ohne Publikation ihrer Allheit (dem Partikularinteresse) oder unter Vortäuschung einer allumfassenden Allheit: im Namen des Volkes. Es lebe die Partei der Einheit, der Freiheit, des Fortschritts oder, in konservativer Lesart, der Erhalt ihrer Macht, dem Status quo. Welche Koordinate auch immer hinzukommt, um einen Raum zu bilden, hier befinden wir uns im Zentrum der Politik, die Vielheit und das Gesetz des Königs sind des Pudels Kern, die organisierte Handlung einer Einheit und ihr Nutzen, der oft genug auf Auslandskonten transferiert wird.

Die Ausrufung der Republik ist die Absetzung des Königs, das Ende seiner Willkür. Der Bürger soll nun der Souverän sein, soll Vielheit und Repräsentant der Einheit in einer Person sein: ein Unding. Repräsentanten auf Zeit, abwählbar, so hoffen wir auf den weisen Herrscher, der von der Willkür ablässt. Der König ist abgeschafft, sein Privileg nicht, der Repräsentant auf Zeit hat es geerbt, er weiß es zu nutzen. Zu wessen Nutzen, ist nach wie vor seiner Willkür unterworfen. Besser, wir teilen seine Gewalt, teilen die Privilegien in die Erbschaft von Hofrat, Richter und Büttel, verteilen die Gewalten auf viele Schultern und machen Institutionen daraus. Von nun an gilt es, Institutionen statt Königreiche zu erobern. Wer diese beherrscht, herrscht über das Reich. Die Willkür hat ein zähes Leben, sie kann auch Bürokratie.

Die alten Institutionen der Einheit und Repräsentanz sind neben Palast und König der Tempel mit dem Priester und der Feldherr auf dem Schlachtfeld. Der Priester als Souverän der Werte, der Feldherr als Souverän des Begehrens, der Ziele, der verlockenden Beute. Priester und Tempel haben die Wissenschaft und ihre Institutionen hervorgebracht, Feldherr und Schlachtfeld das Unternehmertum und den Markt. Ihre Allheit oder Gravitation bleibt, die Interpretation von Erfahrung und die Imagination des Begehrens bilden ihre Einheiten, ihre Parteien aus, halten die Vielheit zusammen, bedienen sie mit Werten, Regeln und Zielen. Die drei Sphären verschmelzen in der Frage: Was wollen wir, was ist dafür notwendig, was tun wir? Eine Sache der herrschenden Kausalität in Beziehung zu einer Einheit, dem Wir. Und der Priester segnet die Waffen, wenn er nicht untergehen will. Kategorien kann man einzeln betrachten, aber separieren kann man sie nicht.

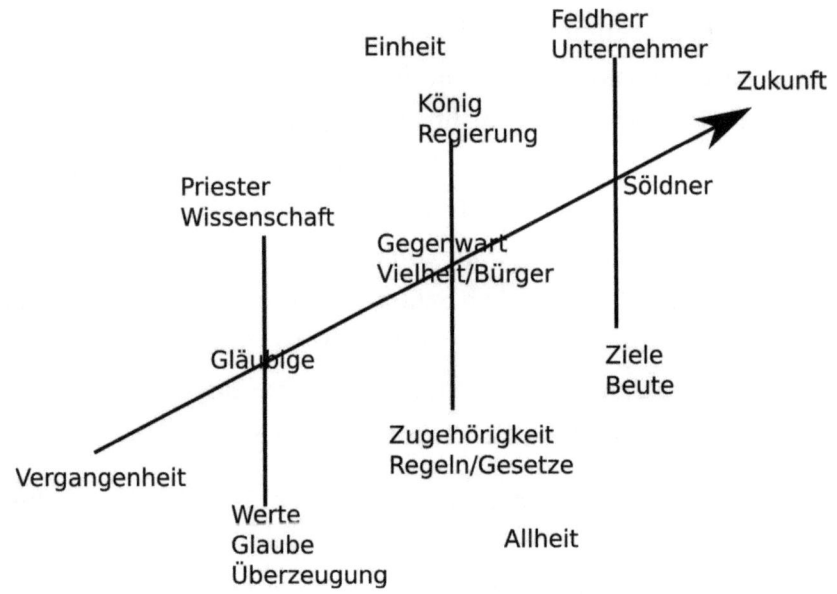

Die Ausrufung der Republik macht alle drei Kategorien zur öffentlichen Sache, zur res publica. Die Sphäre des Königs versuchen wir "demokratisch" zu regeln, Religion und Wissenschaft zählen ihre Gläubigen, werden von der Quote legitimiert, das Begehren bleibt Sache des Eigentums, der Willkür, der Kaufentscheidung. Drei Formen der Wahl, das Ende der Geschichte ist sicher noch nicht erreicht.

3.4 Umlaufbahn

Die Gravitation verbindet die Teilchen, verschmilzt diese ohne eine weitere differenzierende Kraft zu einer Einheit, zu einer einzigen Masse, einem schwarzen Loch, einer Nulldimension. Als Dimension braucht es eine differenzierende Kraft, die den Rückfall in die Nulldimension verhindert, braucht jedes Teilchen einen eigenen Impuls, eine Unterscheidung in der Masse. Mathematiker setzen einen relativen Nullpunkt als Ausgangspunkt zur Bestimmung eines Wertes auf der Ordinate, kein eigener Impuls stellt diesen Nullpunkt auf unserer Ordinate dar. Der Wert, der einem Teilchen auf dieser Ordinate zugewiesen ist, schafft einen Unterschied innerhalb der Vielheit der Teilchen, eine Dimension ist entstanden. Nahe dem Zentrum einer Agglomeration wirkt die Gravitation stärker, der eigene Impuls relativ schwächer. In seinem zentripetalen Anteil erfährt das Teilchen die Macht des Zentrums. Das Privileg der Erfahrung eines eigenen maximalen Impulses gelingt einem Teilchen fern vom Zentrum einer Agglomeration (an der Spitze der Hierarchie) besser – entfernt sich das Teilchen zu weit, verliert es die Kommunikation mit den anderen Teilchen, verlässt es die Dimension und verliert damit diesen Freiheitsgrad. In einer Umlaufbahn um das Zentrum der Agglomeration stellt sich ein Gleichgewicht von Gravitation (Zentripetalkraft) und eigenem Impuls (Zentrifugalkraft) ein. Die Vielheit der Teilchen existiert in einer Zone zwischen Allheit (Gravitation) und der Einheit, die das Teilchen nur als Singularität unter Verlust aller Relation zur Vielheit erleben kann. Aber fern der Allheit erlebt es sich eher als Individuum, nahe dieser eher als Masse. Gleich der Schwarmlogik, findet jede Art ihr Gleichgewicht zwischen Nähe und Distanz.

Waren die Punkte vor der ersten Dimension noch ohne Unterscheidung, ist durch ihre Agglomeration und die Ausrichtung an der Gravitation, der Allheit der Substanz, ein möglicher Unterschied entstanden. Als Freiheitsgrad ist dieser Unterschied veränderbar, und Veränderung ist vorher und nachher, ist Zeit. Bewegt sich ein Teilchen in konstanten Verhältnissen von Impuls und Gravitation, bewegt es sich orthogonal zum Zentrum der Agglomeration, bewegt es sich in diesem Raum linear, eindimensional. Verändern sich diese Verhältnisse, bestreicht seine Bahn eine Fläche, ein neuer Freiheitsgrad wird sichtbar, eine neue Dimension. Im Vorher und Nachher erfahren wir die Kausalität. Diese Freiheit verändert kontinuierlich das Raumgefüge, auf unterschiedlichen Bahnen bleibt der Abstand zwischen verschiedenen Teilchen nicht gleich, verändert sich die Agglomeration und ihr Zentrum, entstehen in Verdichtungen neue Zentren, werden durch unterschiedliche Impulse wieder aufgelöst. Werte, Regeln und Ziele geben dem Teilchen den eigenen Impuls auf seiner Bahn zwischen den Einheiten und ihrer Allheit. Und mit jeder Umlaufbahn bricht eine neue Epoche an, zeigt sich die Veränderung zur vergangenen, wird Schicht für Schicht zur Geschichte. Die Iteration der Zeitkreise gibt den Rhythmus für die Revision der Ziele, ihre Verbindung mit den Werten, von einer Wahl zur nächsten, der Legislatur zu ihrer Bilanz. Gibt es keine Veränderung (Umlaufbahn) mehr, haben wir das Ende der Geschichte (den Status quo) erreicht. Der Präsident auf Lebenszeit hat vermeintlich die Revision der Ziele abgeschafft, die Geschichte wird ihn eines Besseren belehren.

3.5 Wechselwirkung

Nachdem wir mit Oben und Unten, Vorne und Hinten eine erste Orientierung gewonnen haben, fehlen noch Rechts und Links, um einen dreidimensionalen Raum, einen Körper anschaulich zu machen. Obwohl Kant seine Kategorien nicht in dieser räumlichen Weise geordnet hat, vertrauen wir auf die innere Weisheit seiner Überlegungen. Zum besseren Verständnis der Wechselwirkung mögen uns die noch verbleibenden Kategorien der *Qualität* weiterhelfen, um diese Relation zu verstehen und den Raum mit der Wechselwirkung zu vervollständigen: die *Affirmation*, die *Negation* und die *Limitation* zur Orientierung von Rechts und Links.

Sein oder Nichtsein, das ist hier die Frage – auch in der Wechselwirkung, denn wer wirkt denn da? Kausal geordnet, bestimmen wir die Ursache als vor der Wirkung liegend, aber bei Gleichzeitigkeit versagt dieses Konzept. Sich gegenseitig bedingend, kann man auch diese Kategorien nicht separieren oder diese in eine Hierarchie oder eine zeitliche Ordnung bringen, die Qualität wie eine Quantität oder Modalität behandeln. Die Affirmation "Ich bin..." ist ohne Negation "...nicht Du" sinnlos. Als Drittes kommt dann die Frage "Wer bist Du? (Wer sind ich, er, sie, es ?)". Die Antwort lässt sich aus einer Folge von Affirmationen und Negationen bilden. "Ich bin katholisch, Tischler und verheiratet, ich bin keine Frau, noch nicht so alt und habe schon Diabetes Typ 2"; unendlich wäre es Gott, hier ist es eine Limitation, irgendwas zwischen Alles oder Nichts. Hamlet schwankt zwischen entschlossenem Handeln und Todesfurcht, erkennt die gleichzeitige Gültigkeit der Affirmation und der Negation in der Entscheidung, erkennt seine Limitation (er kann nicht beides gleichzeitig haben) und Sterblichkeit bereits in der Affirmation "ich lebe" – das Leben als endlicher Fluss von Entscheidungen. Jenseits der Entscheidung lauert der Zufall – die Entscheidung ohne erkennbare Causa, ohne erkennbaren Entscheider – der fremden Entscheidung, das Schicksal des Untertans, des Sterblichen.

Im politischen Raum kennen wir die Entscheidung per Wahl, die Ja-Stimme, die Negation der nichtgewählten Opposition, die Limitation im Wahlprogramm. Bei der Einheitspartei fällt es schwer, dies zum Ausdruck zu bringen, auch dem Zweiparteiensystem mangelt es an einer differenzierten Limitation, der Nichtwähler spielt den Hamlet, die Partei der Mitte ebenso. Aber wir haben Demokratie, eine demokratische Republik. Auch hier kann man sich die Liste der Staaten betrachten, die unter Demokratie firmieren, auch hier stellt sich die Frage nach Ideal und Wirklichkeit, nach der Feststellung des *volonté générale* (Gemeinwohl) in der *res publica*.

Die Grundstruktur politischer Wechselwirkung ist beschrieben, die Entscheidung steht im Zentrum, gleich dem Gesetz und dem Handeln der Vielheit. Nur ist die Richtung noch unklar, was ist rechts und links vom Zentrum? Der Drang zur Mitte in der politischen Arena sollte uns an Hamlet erinnern, die Angst vor der Entscheidung, die Partei der Parteilosigkeit, Stagnation und Reformstau im Gepäck.

Dass wir die Übel, die wir haben, lieber
ertragen als zu unbekannten fliehen.
So macht Bewusstsein Feige aus uns allen;
der angebornen Farbe der Entschließung
wird des Gedankens Blässe angekränkelt;

3.6   Neurologisch 2

"Rechts ist da, wo der Daumen links ist" – dieser Spruch zeigt uns die Orientierungslosigkeit in der Wechselwirkung als Dilemma. Wir versuchen uns am eigenen Körper zu orientieren, die Hand ist in der Regel das Hilfsmittel der Wahl. Die Händigkeit ist alltäglich präsent, beim Schreiben offensichtlich, an der Tastatur verblasst auch dieses Merkmal zunehmend. In der Tradition finden sich noch manch andere Relikte der Unterscheidung, ihre Sinnhaftigkeit ist selten überliefert, Sitzordnungen (zur Rechten Gottes), Ordnung der Fingerringe (Verlobung, Ehe), Knöpfe an Bluse, Hemd und Hose haben den Status eines Rituals, welches sich im Unisex auflöst. Die Sitzordnung im Parlament richtet sich nach der Selbstbeschreibung der Partei, Rechte setzen sich zur Tarnung auch gerne mal in die Mitte. Wer aber kann das beurteilen?

Die Lateralität des Gehirns zeigt keine absolute Festlegung wie das Herz am rechten Fleck, eher eine Häufigkeit wie die Rechtshändigkeit. Dabei sind die Aufgaben der Hemisphären nicht gleich verteilt, Redundanz ist nicht der Grund der Aufteilung in zwei Hälften, Teamwork statt Konkurrenz ist das evolutionäre Ergebnis der Entwicklung des Gehirns. Spricht das Sprachzentrum der linken Hälfte in das Hörzentrum der rechten, dann hören wir den inneren Monolog, der oft mit dem Denken gleichgesetzt wird – egal, welches Geschwätz dabei zu hören ist, es ist auch die Quelle der Meinungen. Neben Funktionen wie Sprechen und Hören ordnen die Gehirnforscher eine Reihe komplexer Aufgaben den Hemisphären zu. Hier eine kleine Auswahl:

Linke Gehirnhälfte	Rechte Gehirnhälfte
Logik	Intuition
Regeln, Gesetze	Spontaneität
Detail, Analyse	Überblick
Wissenschaft	Kunst
Zeitempfinden	Raumempfinden
Sprache	Bild, Imagination
Rechte Körperseite	**Linke Körperseite**
Individuum	Gemeinschaft
Macht, Hierarchie	Miteinander
Selbstbehauptung	Anerkennung
männlich konnotiert	weiblich konnotiert

Jede Hemisphäre kontrolliert dabei die gegenüberliegende Seite des Körpers, d.h. die linke Hälfte tritt rechts in Erscheinung und Rechts erscheint in der Welt links. Allgemeine Beschreibungen der politischen Orientierung verorten das Soziale links und die Freiheit des Individuums rechts. Rechts ist gleichfalls die Hierarchie angesiedelt, die Macht und links das gleichberechtigte Miteinander. Betrachtet man die zugehörige Hemisphäre unseres Gehirns, passen die Funktionen recht gut zu dieser Betrachtung. Um dies auf einfache Begriffe zu bringen, (eine Anleihe aus der Psychologie) – rechts (linke Hemisphäre) die Selbstbehauptung und links (rechte Hemisphäre) die Anerkennung (des Anderen).

Spezialisierung und Aufgabenteilung sind ein wichtiger Entwicklungsschritt, nicht nur bei uns Menschen. Wenn es um Inselbegabungen geht, dann ist das Bündeln aller Kräfte für ebensolche Insel sicher das Mittel der Wahl. Exzellenz entsteht aber nur bei einer guten Zusammenarbeit der Spezialisten, sowohl im Gehirn als auch in Organisationen. In Untersuchungen kann man überwiegend die Dominanz einer der Gehirnhälften beobachten, in der "westlichen Welt" werden die Eigenschaften der linken Hälfte dabei stärker gefordert und entwickelt. Analytisches Denken, Logik und Selbstbehauptung (Homo oeconomicus) sind einige Merkmale dieser Tendenz, politisch stehen diese im rechten Lager, ihre weite Verbreitung lässt sie leicht als Mitte erscheinen. Das Soziale erscheint in solcher Gesellschaft als Utopie, die zeitliche und kausale Präferenz der Rechten findet gegenwärtig keinen Ort für das Soziale "there's no such thing..." und verschiebt es in die ferne Zukunft, in das Reich utopischer Möglichkeiten. Aus Sicht der rechten Hemisphäre steht das soziale Miteinander links, der räumlichen Präferenz entsprechend, als Gegenwart und damit modal als unterdrückte Wirklichkeit. Der Ruf zur Revolution erschallt.

3.7 Die Pizzakonnektion

Der Philosoph Sergio Benvenuto hat in seinem Aufsatz *Neglect* (Vernachlässigung), den er in der *Lettre International* veröffentlicht hat, über eine von Oliver Sacks beschriebene Gehirnstörung nachgedacht. Es geht um einen allozentrischen Neglect, ausgelöst durch eine einseitige Läsion des Gehirns. Betroffene Menschen können von jedem Objekt, welches vor ihnen liegt, nur die rechte Hälfte erkennen (obwohl sie beide Hälften sehen können), andersherum scheint dies nur selten der Fall zu sein. Ein solcher allozentrischer Hemiagnostiker sitzt vor einer Pizza und kann nur die rechte Hälfte der Pizza essen, die andere Hälfte bleibt als Pizza unerkannt und bleibt liegen, selbst wenn er noch Hunger hat. Vergleichbare Läsionen der linken Hirnhälfte führen nicht zu diesem Neglect, die rechte Hemisphäre kann anscheinend dieses Defizit der linken kompensieren. Benvenuto fragt nach der Bedeutung dieser Beobachtung.

Bei der bisherigen Betrachtung der Aufgabenverteilung unserer Gehirnhälften scheint der Befund nicht widersprüchlich: links das Detail, rechts der Überblick, rechts das Raumempfinden, links das nacheinander in der Zeit. Was die Pizza angeht, könnten die "Linken" die ganze Pizza essen, obwohl sie genau wie die "Rechten" unter Einseitigkeit leiden. Übertragen auf die politische Einseitigkeit, wird man aber beobachten, dass die "Linken" auch nur eine Hälfte der Pizza abbekommen, denn die rechte Hälfte ist bereits von den "Rechten" verspeist worden, bevor die "Linken" am Tisch sitzen. Die Selbstbehauptung ist schneller als die Anerkennung des Anderen, die Affirmation braucht weniger neuronale Prozesse als die Limitation mit ihren vielen Affirmationen und Negationen, die der Überblick erfordert – *erst kommt das Fressen, dann die Moral.* In der Hufeisentheorie wird übersehen, dass bei den Linken meist die Rechten auf den Pfründen (am Tisch) sitzen, und die Linken bei den Rechten als Fußvolk und Parteisoldaten dazugehören, um zu essen, was vom Tisch der Herren als übersehene Krümel herunterfällt (der Trickle-down-Effekt). Betrachtet man die Zuordnung der Hemisphären zum Geschlecht, bestätigt sich die "Pizzakonnektion" auch hier erstaunlich häufig.

Die Affirmation (Ich bin) steht als Selbstbehauptung rechts, die Limitation, die Anderen, mit denen ich die Welt und die Sterblichkeit teile, links. In der Mitte steht die Entscheidung, Sein oder Nichtsein als ständige Frage, die eine Antwort sucht, deren Wechselwirkung wir nicht entkommen können. In der linken Antwort geht das Ich in der Gemeinschaft unter, in der rechten Antwort im Alleinsein. Das Sein gibt es nur in der kontinuierlichen Limitation, der Summe der Affirmationen und Negationen, der Entscheidungen.

Das Parteiensystem krankt an der Koppelung von Partei und Regierung (Macht), der Wettbewerb und Kampf lassen nur den Sieger und die Opposition als Verlierer zu, die gut ausgestatteten Jobs inklusive, Affirmation und Negation. Die Limitation, die erst in der Zusammenarbeit beider Hemisphären entsteht, ist dabei der Verlierer. Die Macht und das Privileg sind rechte Motive des Handelns, bei falscher Zuordnung wird leicht ein Hufeisen aus rechtsoben und seinem Spiegelbild, rechtsoben sind die privilegierten Jobs zu haben.

3.8 Logisches D3

Die Teilchen, die auf ihrer Bahn durch den Raum ziehen, sind nicht alleine unterwegs. Andere Teilchen kreuzen ihre Bahn, kollidieren, verschmelzen, durchdringen sich, tauschen Energie und Information aus ihren unterschiedlichen Impulsen, verändern so ihren eigenen Impuls. Zu der Bewegung in Relation zur Gravitation kommt ein neuer Freiheitsgrad hinzu, der, unabhängig von der Gravitation, sich zu dieser und zur Umlaufbahn orthogonal verhält, die dritte Koordinate im Raum. Haben wir die Identität eines Teilchens an seiner Substanz und dem eigenen Impuls erkannt, werden die Verhältnisse komplexer. Betrachten wir zwei Billardkugeln, eine weiße und eine rote, auf dem grünen Filz. Schicken wir die weiße auf eine Bahn in Richtung des Zentrums der roten Kugel, kommt es zur Kollision. Die weiße Kugel bleibt liegen, die rote übernimmt die Bahn der weißen, übernimmt ihren Impuls. Ohne Farbunterschied hätten wir den Wechsel der Identität nicht bemerkt, die Bahn und der Impuls sind gleich geblieben. Die Kugeln kollidieren nicht immer zentral, geben den Impuls nicht vollständig weiter, sind plastisch oder elastisch, haben einen Spin, durchdringen sich, verschmelzen ganz oder teilweise – oder teilen sich bei der Kollision, interagieren mit mannigfaltigen Wechselwirkungen, vom Elektromagnetismus bis zur Starken Wechselwirkung. Wir können die Identität nicht mehr nur als Kontinuität der eigenen Bahn erkennen, auch der Impulserhaltungssatz hilft uns nur in der Welt der Billardkugeln. Die Vielfalt der Wechselwirkungen lässt sich nur von Fall zu Fall erkennen oder als Summe ihrer Erscheinungen, als dynamisches Geschehen, als lebendige Welt, als Werden und Vergehen.

4. Reduktion

4.1 /1.2.3.

Charles Sander Peirce hat die Kategorien Kants eingehend studiert und der langen Geschichte der Kategorien seit Aristoteles eine neue Betrachtung hinzugefügt. In seiner Analyse unserer Erfahrungen als kognitives Ergebnis unseres Lebens fand er drei Kategorien, die er als *Erstheit, Zweiheit* und *Drittheit* bezeichnet hat. Dabei bildet die logische Form der Relationen den Grund für diese Kategorisierung, die Fähigkeit von Zeichen, ihre Bedeutung auf andere Zeichen zu übertragen, Zeichenbeziehungen zu bilden. *Ein Ding als Ding, ein Ding als etwas, das mit einem anderen*

reagiert, ein Ding als etwas, das ein anderes für ein drittes reprä-
sentiert[9]. Solche triadischen Verhältnisse lassen sich in unserer
Anschauung der Welt leicht entdecken, sie scheinen als kognitives
Ergebnis unserer Erfahrungen ein grundlegendes Prinzip dieser
Erfahrung selbst zu sein.

Zu den alltäglichen Beispielen für solche Triaden gehören unsere
Personalpronomen, die wir als erste, zweite und dritte Person
kategorisieren. Die erste Person (Ich), die Person als Person, die
zweite (Du), auf die die erste reagiert, die dritte (er, sie, es), über
die die beiden tratschen, die im Gespräch als Repräsentant für
irgendeine Bedeutung herhalten muss (Was will ich dir damit
sagen, wenn ich über Ottos Mops rede?). Zur Triade der Kategorien unserer Zeiterfahrung ist bereits einiges gesagt: der
Zukunft als (noch) bestehende Zeit, die Zeit an sich, die wir (noch)
haben, der Gegenwart als Zeit, auf die wir reagieren, der wir
gerade begegnen, als Vergangenheit, die wir über die Repräsentanten unserer Erinnerung vor der Vergänglichkeit bewahren. Die
bisher verwendeten Kategorien haben diese logische Form der
Beziehung gemeinsam, ob wir eine Menge zählen, über den
Wahrheitsgehalt einer Aussage reden oder die Kriterien für eine
Entscheidung benennen. 1. Einheit, 2. Vielheit, 3. Allheit; 1. Mög-

---

[9] Es lassen sich viele Beschreibungen dieser Kategorien finden, oft
recht umfangreich. In Wikipedia werden sie als nur
phänomenologisch und nicht als logisch zu beschreiben verstanden.
In Helmut Pape: Charles Sanders Peirce. Zur Einführung. Junius
Verlag, Hamburg 2015 S. 34 ff kann man auch etwas zu ihrer Logik
erfahren.

lichkeit, 2. Existenz, 3. Notwendigkeit; 1. Affirmation, 2. Negation, 3. Limitation.

Kategorien kann man einzeln betrachten, aber separieren kann man sie nicht, sie sind Kategorien eines Phänomens, einer Erscheinungsweise des Seins. Das Phänomen Zeit ist unter Ausschluss einer ihrer Kategorien nicht vorstellbar. Dabei zeigt sich eine weitere Gesetzmäßigkeit. Für Neugeborene ist Zeit ohne Vergangenheit real, für Ungeborene auch ohne Gegenwart, nur sprechen wir Ungeborenen und Neugeborenen noch keine Erkenntnis von Zeit zu, diese reden auch nicht über ihre Zeit, die sie mit uns hatten. Trotzdem wird eine Abhängigkeit sichtbar, denn unsere Vergangenheit ist ohne das Vorherige nicht möglich. Die Zweitheit setzt die Erstheit voraus, die Drittheit die beiden anderen Kategorien. Als bewusste Erkenntnis erscheinen dabei nur Drittheiten, die anderen Kategorien sind als Voraussetzung der Erkenntnis in dieser enthalten. Zweitheiten erleben wir als Wahrnehmung der Existenzen, denen wir begegnen, ohne Drittheit, als Begegnung von etwas Neuem, von dem wir noch keine weitere Erkenntnis haben, dem keine Bedeutung durch weitere Zeichenbeziehungen übertragen wurde. Von Zweitheiten wissen wir nicht, was sie sind, nur dass sie sind; sie haben auch noch keinen Namen, der Schmerz, den wir fühlen, nicht der, über den wir reden oder nachdenken, den wir diagnostizieren, um ihn interpretierend zu verstehen. Die Erstheit ist als Ding nicht wahrnehmbar – so, wie die Zukunft ohne Glaskugel unsichtbar ist. Trotzdem erscheinen Bilder in den Glaskugeln der Wahrsager, imaginiertes Begehren, Ausdruck der Vitalität, vorweggenommene Zeit, ihre Möglichkeiten. Wir machen uns die unsichtbaren Möglichkeiten anschaulich, indem wir sie als Objekt der Begierde imaginieren, sie probeweise in der Phantasie existieren lassen, glückliche Vergangenheit in die Zukunft projizieren. Was dann als Objekt vor unserem inneren Auge steht, nennen wir folgerichtig Vorstellung. Zweitheit ohne Erstheit ist unmöglich, da die Möglichkeit ihre Erstheit ist. Aber mehr als eine Empfindung erleben wir nicht von ihr. Begehren, Vitalität, Kreativität oder Trieb beschreiben dies am besten, wenn man Möglichkeit nicht mit Wahrscheinlichkeit und ihrer Statistik verwechselt, wie es in Politik und Wirtschaft häufig der Fall ist.

4.2   in statu nascendi

Frisch geboren scheint der Mensch noch nichts von alledem zu wissen. Die Erstheit ist zuerst Möglichkeit und frisch geboren hoffen wir, dass alles noch möglich ist. Eine Möglichkeit, die noch nicht in die Existenz getreten ist, können wir nicht mit unseren Sinnen wahrnehmen, wir behelfen uns mit der Vorstellung (Phantasie) und hoffen auf die Zukunft und eine gute Karriere für unsere Kinder. Die Psychologen reden von den ersten Monaten unseres Lebens von einer Dyade, es gibt noch kein eigenständiges Ich, das Ich des Kindes ist noch symbiotisch mit dem der Mutter verschmolzen, nichts zeigt dem Beobachter, dass es zwischen beiden unterscheiden kann. In seiner Abhängigkeit erleidet das Kind alles, was das dyadische System erleidet: geht es einem schlecht, geht es beiden schlecht. Aber das Ich ist schon da, als Möglichkeit, als noch nicht separierter Teil der Dyade. Wir

62

erkennen es bereits im Begehren des Säuglings, in seinen Anstrengungen, auf seine Umgebung strampelnd und schreiend einzuwirken, in seiner Reaktion, wenn diese auf ihn einwirkt und er so das Existieren erfährt und erlernt. Nach einigen Monaten dieser Erfahrung verlässt das Ich dann den Kokon der Dyade und sagt Mama. Das Ich tritt in die Existenz, in die Gegenwärtigkeit und erkennt das Du als vom Ich unterschieden, wenn es ihm begegnet. Nun kann es auch bald seinen Namen sagen und später auch ich. Wir sind in der Zweitheit angekommen. Aber wehe, wenn die Mutter weggeht, denn ihre Existenz ist für das Kind noch von der sinnlichen Wahrnehmung abhängig, da gibt es noch keine Welt, in die sie zum Einkaufen, Arbeiten oder Feiern verschwinden kann. Wegsein ist wie nicht-existent, ist "nicht da", ist verschwunden im Nichts, im Unbekannten, Unerfahrenen. Und kommt die Welt nach Hause, fremdelt unser kleiner Homo oeconomicus und reagiert mit Angst und Panik. Es braucht einige Welterfahrung, bevor die Welt als solche wahrgenommen wird und das Nichts ausfüllt. Diese Wahrnehmung ist kognitiver Natur, ist eine Erkenntnis, denn es geht hier nicht um die Zweitheit, das, was den Sinnen zugänglich ist, weil es uns gegenübersteht, weil es hier ist. Die Drittheit entsteht als Verallgemeinerung unserer Erfahrungen, auch durch die Erfahrung der Anderen, denen wir begegnen und mit denen wir kommunizieren, und sei es beim Lesen eines Buches. Und diese Drittheit ist notwendig (immer) gültig, bis durch eine Zweitheit, eine andere Erfahrung, erwiesen ist, dass sie nicht immer zutrifft, wir uns geirrt haben. Mit dieser Drittheit können wir das Hier und Jetzt verlassen und im Universum, in Raum und Zeit und ohne Körper, nur mit unserem Geist herumgeistern, um es zu erforschen. Und wann ist unser Mensch fertig mit seiner Drittheit, wann hat er die innere Gesetzmäßigkeit seines Universums verstanden? Aber: ohne Zweitheit keine Drittheit und ohne Erstheit keine Zweitheit. Da kann viel passieren, auf jeder Stufe kann Entwicklung misslingen. Und ist die Erstheit abgeschlossen mit der Entwicklung zur Zweitheit? Ob wir es Möglichkeiten oder Potenzial oder Skills nennen, Lernen (Entwicklung neuer Möglichkeiten) hört nicht auf, sie bilden sich ständig aus Erfahrung (Zweitheit) und Erkenntnis (Drittheit), genauso wie diese ohne Fähigkeit (Erstheit) nicht möglich sind.

4.3 Gottesbeweis

Entwicklung als kontinuierlicher Prozess zu einem finalen Zustand ist Gegenstand mancher Philosophie, denn diese Denkfigur birgt einige Tücken. Der finale Zustand ist das Ende der Entwicklung und damit auch das Ende dieser Geschichte. Ohne Ziel lässt sich allerdings eine Entwicklung schwer begründen, ewiges Kreisen auf einer Umlaufbahn, ständige Wiederholung – auch solche Denkmodelle verwandeln die Zeit und die Geschichte in eine tickende Uhr, die irgendwann keiner mehr hört. Auch eine Entwicklung zum Untergang entspricht nicht unserem Interpretanten, die Erfahrung von Vitalität sträubt sich gegen diese Vorstellung der Hoffnungslosigkeit. Vom Chaos zum Gesetz, eine Abnahme von Zufall und Willkür, der Sieg des Wahren, Schönen und Guten, das Paradies in der Zukunft, ein Finale liegt uns näher als der ewige Kreislauf. Wir hoffen, dass das Finale nicht so schnell erreicht wird oder dass es danach weitergeht; anders halt, wie im Paradies, nicht so irdisch wie Krankheit und Tod.

Entwicklung erscheint dabei als Bewegung auf ein positives Ziel, die andere Richtung wird folglich als negative Entwicklung bezeichnet, als Untergang, und ist nicht erstrebenswert. Evolution beschreibt die Entwicklung der Lebewesen auf das Ziel des Überlebens hin, und dieses Ziel entwickelt sich dabei selbst vom Überleben als Individuum zum Überleben der Art (Darwinismus), des Biotops (Ökologie), der Welt (planetarische Politik). Das finale Ziel kennen wir nur als Möglichkeit oder Erstheit. Geht es über die Welt hinaus, wird es kosmisch, dann metaphysisch. Bleiben wir bei dem politischen Raum als Beziehungsgefüge, haben wir quantitativ die Einheit, modal die Ewigkeit und qualitativ die Unbegrenztheit als mögliches Final, also kein Grund zur Sorge um ein vorzeitiges Ende. In der Summe haben wir damit die Attribute Gottes als Entwicklungsziel, die Allmacht (Quantität/Hierarchie), die Allwissenheit (Modalität/Wahrheit) und die Liebe (Qualität/ All-Sein). Von der Möglichkeit zur Existenz und von dieser zur Notwendigkeit, eine Frage der Evolution, eine Frage des Überlebens. Existiert die Hawking-Strahlung, lösen sich selbst die schwarzen Löcher wieder auf, mathematisch betrachtet können Teilchen mit niedrigem Drehimpuls dem Ereignishorizont eines schwarzen Lochs entkommen. Drehen wir uns also nicht so viel um uns selbst.

5. Politik

Betrachten wir die Polis als politischen Raum, dann ist Politik die Entwicklung des Beziehungsgefüges, welches diesen Raum konstituiert, also ein Prozess, welcher auf ein Ziel ausgerichtet ist. Dieses Ziel ist als Bestandteil von Wahlkämpfen dominant, entsprechend der Ausrichtung des Wahlkampfes auf die politische Zukunft, auf die politischen Möglichkeiten, auf die Erstheit von Politik, dem Begehren der Polis. Die Zweitheit von Politik, die sich in den Gesetzen ausdrückt, bleibt im Wahlkampf dagegen vage, die beabsichtigten Gesetze haben noch keine Existenz, das Gesetzgebungsverfahren steht noch aus, Wahlversprechen füllen diese Lücke. Die Drittheit findet sich in der Begründung für die beworbene Politik, Erhaltung von Arbeitsplätzen, internationale Konkurrenz, Sicherheit oder Frieden; auch hier gibt es noch keinen Beweis für die Notwendigkeit der beabsichtigten Maßnahmen, die sich erst in der Zielerreichung zu erkennen gibt. Da sich Möglichkeiten nur über die Objekte des Begehrens darstellen lassen, finden wir die guten Werte als Repräsentanten der Ziele wieder, oder umgekehrt. Im Wahlkampf der Parteien geht es dabei um Partikularinteressen, partikulare Ziele, Regeln und Werte, Untereinheiten der Polis. Die Ziele, Regeln und Werte der Polis als Einheit finden sich in der Verfassung wieder, in der Regierungsform, den Institutionen und dem Grundgesetz. Die Hindernisse, die für eine einfache Verfassungsänderung festgelegt werden, dienen als Schutz gegen die Vereinnahmung durch Partikularinteressen, ein Schutz, dessen Erosion sich aktuell und global beobachten lässt.

Betrachten wir die Evolution der Politik vom Gottkönig zum Repräsentanten auf Zeit und bei geteilter Gewalt, folgen wir einer Bewegung von der Willkür zur Ordnung, vom verkörperten Souverän zur verkörperten Funktion, vom König zum Funktionär. Die Vielheit oder das Volk ist der neue Souverän, seine Einheit ist nicht mehr im König verkörpert. Die Gesellschaft bildet einen Zusammenhalt, der aus Kommunikation besteht, der die funktionelle Differenzierung ihrer Teile durch Vereinbarungen, den Gesellschaftsvertrag, verbindet. Dies ist die Funktion der Regierung nach der Abschaffung der Monarchie, die Moderation der Vereinbarungen und der zugehörigen Kommunikation. Der Rückfall zur partikularen Herrschaft ist die negative Entwicklung, die Restauration der Willkür, die Entmachtung der Vielheit, ihre Entlassung in die Verantwortungslosigkeit. In Betrachtung der globalen Herausforderungen eines Anthropozäns ist die Verantwortungslosigkeit eine zentrale Bedrohung und gleichzeitig Sehnsuchtsort vieler Menschen, die berechtigt keine Risiken tragen wollen und können, wenn die Gewinne nicht geteilt werden, Rechte und Pflichten ungleich verteilt sind, die Freiheit von herrschenden Partikularinteressen begrenzt wird — oder praktisch: wenn sie ihre Miete nicht bezahlen können, kein sauberes Wasser haben, mit Bomben und Granaten traktiert werden und, und, und. Und dann träumen einige vom Allmächtigen, der seine Gläubigen liebt und ihnen ihren Anteil an der Macht in einer letzten großen Schlacht erkämpft, die letzte verbleibende Möglichkeit, die Einheit der Sterblichen im Tod.

5.1 Die öffentliche Sache

Die Ausrufung der modernen Republik wurde begleitet durch die Forderung nach Freiheit, Gleichheit und Brüderlichkeit. Der darin unsichtbaren Schwestern wegen nennen wir die Brüderlichkeit heute Teilhabe. Nun sind wenigstens alle Teilhaber:innen unsichtbar, schwanken zwischen Hilfsverb und Besitz, Almosen oder Recht, dürfen sich fragen, ob sie Subsidiarität bemühen wollen – als Zeichen einer mangelnden Eigenverantwortlichkeit. Aber auch die Freiheit und die Gleichheit erfreuen sich seit ihrer Ausrufung keiner Eindeutigkeit. Die Forderung nach Freiheit für Wirtschaft und Vermögen ist neoliberales Standardprogramm, die Gleichheit gilt als lebensfremde Phantasmagorie, als Gleichmacherei, die der Freiheit entgegensteht, als Beweis wird unsere offensichtliche Verschiedenheit herangezogen.

Triaden stellen sich oft als Kategorien eines Phänomens heraus, als untrennbare Teile einer Zeichenbeziehung, eines semiotischen Prozesses. Republik, die öffentliche Sache, die öffentliche Erkundung des volonté générale, der Wille des neuen Souveräns, er will nur das Beste, das Gemeinwohl. Rousseau verarbeitet die Geschichte als menschliche Erfahrung der Unfreiheit und Sklaverei, der Ungleichheit, der Willkür des Stärkeren. Zur Veränderung dieses Zustandes wird in einem Gesellschaftsvertrag das individuelle Recht an die Gemeinschaft gebunden. Der Stärkere, die ökonomische Ungleichheit, das Eigentum verlieren ihre Macht über den Schwachen und Armen. Der volonté particulière, der Wille des Individuums, wird zum volonté de tous, dem Gesamtwillen, der als Summe der durchgesetzten Willensakte die aktuellen Kräfteverhältnisse widerspiegelt. Erst im volonté générale, dem Gemeinwohl, dem Wohl aller, erfüllt sich die Möglichkeit zu gerechten Gesetzen. Freiheit, Gleichheit und Teilhabe sind dabei die allgemeinen Prinzipien, die den volonté générale manifestieren. Diese sollten also Verfassungsrang haben und damit gegenüber dem volonté particulière und dem volonté de tous einklagbar sein. Wie alle Kategorien kann man diese einzeln betrachten, aber separieren kann man sie nicht, Freiheit ist ohne Gleichheit und Teilhabe nicht zu verwirklichen.

5.2 Freiheit

Die Freiheit des Individuums ist das Ziel der Republik, die Freiheit aller Individuen, keines darf die Freiheit eines anderen einschränken. Dies wird von Rousseau als Naturzustand des Menschen gesehen, als Willensfreiheit. Wir teilen diese Ansicht in den modernen demokratischen Gesellschaften und verstehen die Freiheit als Freiheit in der eigenen Lebensgestaltung, der Freiheit, eigene Erfahrungen zu machen. Gleichfalls steht der Erfahrungsaustausch unter dem Ideal der Freiheit. In die Kommunikation kann so die individuelle Erfahrung der Vielheit in den volonté générale einfließen, in die Meinungsfreiheit, die Freiheit von Lehre und Forschung, die künstlerische Freiheit, die Freiheit aller Diskurse, die gemeinsame Interpretation von Erfahrung. Diese

Arbeit am Interpretanten wird so der willkürlichen Herrschaft entzogen, ermöglicht einen komplexen und differenzierten Interpretanten. Von einer Freiheit der Wirtschaft ist hier nicht die Rede, denn die Freiheit des Wirtschaftenden ist darin bereits enthalten. Der volonté particulière ist die Basis der Freiheit, gleich dem Homo oeconomicus, der seinen eigenen Nutzen zum Ziel jeder Entwicklung macht. Die Verallgemeinerung des Strebens nach Wohl und Nutzen wird im Freiheitsbegriff zur Notwendigkeit, zum inhärenten Gesetz für das Gemeinwohl. Semiotisch ist es damit eine Drittheit, der volonté particulière repräsentiert das Gemeinwohl, überträgt seine Bedeutung auf die Gruppe – damit ist die Unfreiheit eines ihrer Individuen ausgeschlossen. Die Freiheit des Anderen begrenzt die Willkür des Individuums, sonst nichts.

5.3 Gleichheit

Aber wir sind nicht gleich und sind in unserem Streben nach Wohl unterschiedlich erfolgreich. Der Stärkere erreicht seinen Wohlstand leichter als der Schwache, schnell entwickeln sich Unterschiede, die das Wohl der Schwachen bedrohen, diese von begrenzten Ressourcen ausschließen. Durch einen Gesellschaftsvertrag werden das Gemeinwohl oder die Freiheit auf die Ebene der Handlungen übertragen, dies ist nur als Vereinbarung zwischen Gleichen möglich. Dekrete Einzelner oder einer Gruppe verletzen die Willensfreiheit der Anderen. Grundlage der Vereinbarung ist die Anerkennung des gleichen Rechts auf Freiheit und Wohlstand. Damit ist die Gleichheit die Zweitheit des Gemeinwohls, des volonté générale. Im Vergleich stehen sich die Teile gegenüber, existieren in Raum und Zeit gleich, handeln in Bezug auf den jeweils Anderen. In der Gesetzgebung ist das Gleichheitsprinzip die Voraussetzung, die aus dem volonté de tous, den herrschenden Kräfteverhältnissen, den volonté générale, das Gemeinwohl hervorbringt. Der Einfluss von Partikularinteressen wird durch das Gleichheitsprinzip begrenzt – so, wie die Willensfreiheit des Einzelnen durch die Freiheit des Anderen begrenzt wird. Die Gleichheit vor dem Gesetz ist das republikanische Ideal, nicht die gleiche Kleidung, das gleiche Essen, das gleiche Gehalt oder die gleiche Sexualpraxis. Lobbyismus ist eine der gängigen Praktiken, dieses Prinzip zu unterlaufen, die Gleichheit in Richtung der Partikularinteressen bei der Gesetzgebung zu verschieben. In Gesetzen vereinbaren wir die Rechte und Pflichten, in die der Homo oeconomicus nur durch das Gleichheitsprinzip einwilligt und damit Teil einer Gesellschaft wird, die ihn gleichzeitig vor den Übergriffen seines Nachbarn schützt. Nach der Regel, dass Drittheit die Zweiheit voraussetzt, setzt die Freiheit die Rechtsgleichheit voraus. Der Philosoph Étienne Balibar hat diesen Zusammenhang in dem Begriff der *Égaliberté*, der Gleichfreiheit, deutlich gemacht und darauf hingewiesen, dass Freiheit ohne Gleichheit nicht möglich ist und die Gleichfreiheit nach wie vor eine Utopie, ein Ideal ist. Der einseitige Blick auf die Rechte, behindert leider das Verständnis dieser scheinbaren Unmöglichkeit einer Gleichheit von Ungleichen. Das Recht auf Eigentum ist dabei nicht unschuldig, wird es nicht als Verfügungsrecht auf ein Allgemeingut betrachtet, als ein Anteil am volonté générale, sondern als volonté particulière, und damit nur der eigenen Willkür ausgeliefert. Die dem Recht zugeordnete Pflicht erlischt in dieser Betrachtung eines Eigentums als Einverleibung, das Eigentum wird in seiner Verpflichtung so dem Gesellschaftsvertrag entzogen, wird zur sozial unwirksamen Selbstverpflichtung. Grundgesetz Art. 14 Abs. 2 und 3 verweisen zwar auf das Allgemeingut, stellen es dem Gesetzgeber aber frei, die Pflicht einzufordern. Der volonté de tous regiert hier über dem volonté générale, ignoriert den Gleichheitsgrundsatz, den dieser braucht. Rechte und Pflichten bilden die Gesetze, bilden eine Einheit, viele Rechte ziehen viele Pflichten nach sich. Betrachtet man Vermögen als Recht, als Verfügungsrecht auf Ressourcen jedweder Art, stellen die zugehörigen Pflichten die Verantwortung für das Gemeinwohl beim Umgang mit diesen Ressourcen dar. Das Problem der extremen Vermögen lässt sich bei dieser Betrachtung völlig ohne Enteignung lösen, es reicht, diese für ihr Tun zur Verantwortung zu ziehen. Extreme Vermögen ziehen extreme Verpflichtungen nach sich. Hier ist die Verfassung nicht am Gemeinwohl orientiert, der volonté particulière bleibt als Recht ohne verpflichtende Bindung, Partikularinteressen ohne Verpflichtung können die Verfassung aushebeln. Durch das Abtrennen der Pflicht vom Recht auf Eigentum verbleibt die Pflicht in der Polis, das Recht wird privatisiert und kann sich der Verantwortung entziehen, damit es unlimitiert akkumulieren kann.

5.4 Teilhabe

Aber auch die Zweitheit hat eine Voraussetzung: es ist die Erstheit des Gemeinwohls. Erstheiten sind die Dinge an sich. Ohne Interaktion, ohne Objekt der Begierde entzieht sich das Gemeinwohl der Vorstellungskraft, bleibt im Raum der Möglichkeiten, bleibt problematisch, denn als Erstheit hat es keine Existenz wie eine Zweitheit. Schon bei der Suche nach dem volonté particulière zeigen sich diese Schwierigkeiten. Auf Nachfrage erscheinen schnell imaginierte Objekte als Repräsentanten für die Existenz von Wohlstand, das Wohl selbst bleibt eine schwer zu beschreibende Empfindung. Der Porsche, die Villa, die Putzfrau, die Million reichen nicht zum Verständnis des Problems. Auskunft gibt die Suche nach einer Antwort auf die Frage "Wie geht es Dir?", der Vorgang, bevor die Antwort "gut" oder gar "Ich bin glücklich" leichtfertig gegeben wird. Für einen kurzen Augenblick richtet sich die Aufmerksamkeit nach innen, scannt mit einer Suchbewegung die Dunkelheit ab und findet eine Antwort oder keine. Dabei kann das Schweigen der Dunkelheit ein Zeichen der Ruhe, der Zustand eines Gleichgewichts sein. Die Frage nach unserem Wohl richten wir an einen Sinn, der uns Auskunft über die Homöostase gibt, dem Gleichgewichtszustand offener dynamischer Systeme oder der Autopoiese, unserem Autopiloten. Ist dieser unruhig, hat er Schmerzen oder Hunger und Durst. Ist er allein, ein Ich ohne Du, löst er sich in der Masse auf, findet er keine eigene Antwort auf die Frage nach dem Wohl, ist alles sinnlos – kein Hoffnungsschimmer am künstlichen Horizont? Affirmation und Negation fügen die vielen Zeichen zusammen, geben dem Sein eine Gestalt. Die Verknüpfung von Wahrnehmung, Handlung und Erfahrung ermöglicht die Autopoiese, die Freiheit, über diese zu verfügen, ermöglicht die Homöostase, ermöglicht, das Gleichgewicht in diesem System herzustellen, die Ausrichtung des künstlichen Horizonts, den der Autopilot braucht, um uns durchs Leben zu steuern.

Mit der Freiheit haben wir die eigene Kontrolle über unsere Erfahrungen und ihre Interpretation gewonnen, mit der Gleichheit den Zugang zu den Ressourcen, die wir für unser Handeln brauchen. Es fehlt noch die Homöostase selbst, die Empfindung eines offenen dynamischen Systems, die Erstheit unseres Wohls. Diese Empfindung nennen wir auch Vitalität – der göttliche Odem, der uns eingeblasen wurde, der uns lebendig macht, uns von den toten Dingen unterscheidet. Unser Leben ist als ein zur Zukunft offenes System nicht vorbestimmt, Gravitation, Kausalität und Wechselwirkung ermöglichen uns eine Orientierung, legen aber nicht unsere Reise durch die Zeit und den Raum der Möglichkeiten fest. Die Zukunft und die Fremde bleiben unbekannt, bis wir ihnen begegnen, sie zu unserer Erfahrung werden. Freund oder Feind, wem werden wir begegnen? Gewinn oder Verlust, was wird aus unseren Ressourcen? Wohl oder Unwohl, was folgt unserer Entscheidung?

Die Homöostase ist das Gleichgewicht in einem dynamischen System, ist also kein statisches Gleichgewicht. Die Einstellung des Gleichgewichts ist eine Bewegung, die in einer Zwangsjacke nicht möglich ist, sie braucht Raum für Entscheidung, der Erstheit jeder Handlung. Ist dieser Raum bereits entschieden, ist keine eigene Entscheidung mehr möglich. In totalitären Systemen werden viele Entscheidungen zentral getroffen, der verbleibende Entscheidungsraum für das Individuum reduziert sich entsprechend, dies geht mit einem Verlust an Vitalität einher, einer behinderten Homöostase. Der Verlust der Vitalität ist der Motor jeder Revolte, das Aufbegehren gegen den Verlust eines eigenen Lebens. Die Homöostase selbst erfordert eine Entscheidung in Richtung des Wohlbefindens. Ist der Entscheidungsraum zu klein, bleibt als letzte Möglichkeit, die Zwangsjacke zu sprengen. Der Autokrat, der seine Vitalität bis zur Omnipotenz steigern möchte, kann dies nur auf Kosten seiner Untertanen tun. Im ständigen Kampf gegen ihre Revolte wird er die geraubte Vitalität verbrauchen und die Unsterblichkeit nicht erreichen.

In der Gemeinschaft können die Entscheidungsräume der Individuen in Konflikt geraten, im öffentlichen Raum wird dies offensichtlich. Fußgänger, Fahrrad oder Auto, der begrenzte Raum lässt nicht jede Entscheidung zu. Der Händler, das Restaurant, die Sportler, die Demonstranten und die Party, der Wunsch nach einem ruhigen Schlaf und einem Parkplatz für den SUV – als volonté de tous richtet sich das Ergebnis der Entscheidungen nach dem Kräfteverhältnis der Beteiligten. Der Autokrat und seine Entourage, die mächtige Lobby, die organisierte Mehrheit, der Eigentümer: sie vereinnahmen den Entscheidungsraum ohne Rücksicht auf die Schwächeren, und wo die Mieten bezahlbar sind, gibt es zwar Parkplätze, aber keine Arbeitsplätze. Der volonté générale, das Gemeinwohl, ist davon unterschieden, denn er zielt auf das Wohl aller Beteiligten und damit auf das Wohl der Gemeinschaft selbst.

In Aktienunternehmen drückt sich das Wohl im Shareholder-Value aus, dem Wohl der Anteilseigner, dem Wohl ihrer partikularen Interessen, ihrem Profit. Die Mitarbeiter sind darin nur als Kosten und als Humankapital (Nutzen) enthalten, auch in der Liste der Stakeholder kommen sie bei vielen Unternehmen nur als machtlose Bittsteller vor, als zu kontrollierende Risiken. Der Entscheidungsraum für die Homöostase der Unternehmung ist damit festgelegt, der Entscheidungsraum für die Mitarbeiter ist gering, beschränkt sich auf den Profit der Eigentümer und wird gerne durch Maschinen und Automaten verkleinert; dies wurde von Karl Marx als entfremdete Arbeit bezeichnet. Sich der fremden Arbeit unterordnen oder kündigen ist dabei schon ein großzügiger Spielraum, viele Arbeitsmärkte lassen nur noch unterordnen oder Arbeitslosigkeit zu, die Entlassung in einen Raum ohne Ressourcen. Teilhabe entsteht durch den Anteil am Entscheidungsraum, durch die Kooperative, die Mitbestimmung. Das ungelöste Problem des Eigentums zeigt sich auch hier: Eigentum als Verfügung über den Entscheidungsraum ist auch in unserer Demokratie dominant, die Willkür des volonté particulière verhindert den volonté générale.

Eine Mitbestimmung findet sich in Kapitalgesellschaften vielleicht noch auf der Aktionärsversammlung, als Entscheidung der 51%, oft eine One-Man-Show, in den Betrieben ist sie zur innerbetrieb-

lichen Veranstaltung verkommen, kommt über den Kaffeeauto-
maten nicht sehr weit hinaus. Den profitablen Verkauf, die Zer-
schlagung, die Stilllegung, den Abgasskandal kann sie nicht verhindern. Das Sozialisieren der Risiken und das Privatisieren der
maximierten Gewinne ist das Geschäftsmodell dieser Organi-
sationsform, der Atommüll wird uns noch viele Generationen
beschäftigen.

Brüderlichkeit ist oft als Caritas verstanden worden, der Teilhabe
geht es nicht viel besser. Transferleistungen und Ideen wie das
bedingungslose Grundeinkommen als Verwirklichung der Teilhabe sind oft Ausdruck dieses Verständnisses. Das Teilen als Ausdruck der Brüderlichkeit ist in dem Begriff "Teil-habe" geblieben,
es fragt sich nur, was hier geteilt werden soll. Bei der Transferleis-
tung kommt es zu einer Verschiebung von Eigentum, das Eigen-
tumsproblem verschiebt sich dabei gleich mit: die Entkoppelung
des Eigentums vom Gesellschaftsvertrag. Als Entscheidungsraum
bleibt nach dem Transfer ein wenig Konsum, die Kaufentscheidung beim Discounter, die gelbe oder die blaue Packung eines
denaturierten Produkts der industriellen Produktion. Das Ergebnis jeder Entscheidung ist zuerst Risiko, Gewinn oder Verlust an
Wohl fügen die Handlung und die Erfahrung, die der Entscheidung folgen, in den Interpretanten ein, verbessern den Autopiloten, erweitern seinen künstlichen Horizont durch die Verknüpfung mit dieser Erfahrung. Teilhabe ist somit die Teilhabe am
Risiko, das Teilen von Gewinn und Verlust einer Unternehmung.
Das risikolose Einkommen hinterlässt keine vitalen Spuren im
Interpretanten, ist nicht von der Empfindung der Vitalität beglei-

tet, bedeutet Regression, gestillt werden, der Autokrat freut sich über die gestillte Revolte. Die Bürger:innen verwandeln sich in Konsument:innen, deren Souveränität sich im Konsum erschöpft; unserer Demokratie reicht das offensichtlich.

Der volonté générale, das Gemeinwohl, basiert auf dem Anteil am Risiko, am Gewinn und Verlust, den seine Teile erfahren. Als Begründung für die exorbitanten Gewinne, die durch große Vermögen erzielt werden können, wird das Risiko herangezogen, das Risiko, das Vermögen zu verlieren. Vermögen ist die Entscheidungsgewalt über Ressourcen, die materielle Grundlage des Handelns. Erst wenn das Vermögen durch den Gesellschaftsvertrag an die Gemeinschaft gebunden wird, ihrem Entscheidungsraum zugeordnet ist, ist das Gemeinwohl realisierbar. Die zentralisierte Entscheidung lässt kein Gemeinwohl zu, die Moderation von Entscheidungsprozessen ist eine Arbeit an der Erstheit des Gemeinwohls, dem Wohlbefinden aller. Autokraten, Oligarchen, Macher, Führer, Großgrundbesitzer, Mafia oder andere Eliten und archaische Figuren sind dabei nicht zielführend, die Manager:innen einer Genoss:innenschaft entsprechen der Anforderung einer am Gemeinwohl orientierten Politik eher. So zeigt sich, dass nicht die Freiheit dem Wirtschaften und dem bereits freien Unternehmertum zugeordnet werden muss, sondern die Teilhabe, das Teilen von Risiko und Gewinn einer Unternehmung, die auf die Zukunft abzielt, die wir brauchen, um Möglichkeiten zu realisieren und ihre Folgen gemeinsam zu verantworten. Die Genoss:innenschaft, das Verantwortungseigentum und Vergleichbares ist die Unternehmensform der Zukunft, die Mitbestimmung Basis der Teilhabe. Das bedingungslose Grundeinkommen ist keine Teilhabe, dies ist Caritas für die Opfer einer Gesellschaft mit begrenzter Teilhabe, in diesem Zusammenhang durchaus empfehlenswert.

6. Reflexion

Betrachten wir den politischen Raum als Inertialsystem, d.h. keine Kräfte wirken von außen auf die Körper in diesem Raum ein, dann warten wir vergeblich auf die Hilfe eines externen Gottes bei der Lösung unserer Probleme. Im Interpretanten, als Autopoiese ist ein Gott integral oder auch nicht, abhängig von der finalen Möglichkeit im System, deren Signifikat wir genauso wenig kennen wie einen Gottesbeweis. Das Leben als Erforschung der finalen Möglichkeit macht eine sinnvolle Angelegenheit aus dieser sonst oft leidvollen Veranstaltung. Soweit wir uns auf ein Leben als Entwicklung einlassen, bleibt die finale Möglichkeit offen, Ergebnis der unzähligen Entscheidungen, die Ausdruck unserer Vitalität sind. Die positive Entwicklung ist möglich, ihre Negation auch. Nach der logischen Form der Kategorien ist die Erstheit die Voraussetzung der anderen, wie die Möglichkeit die Voraussetzung der Existenz ist; die Unmöglichkeit führt zu nichts. So wird die Teilhabe (die Möglichkeit zur Entscheidung), zur Voraussetzung der Freiheit und die Liebe (All-sein/Einigkeit) zur Voraussetzung einer positiven Entwicklung. Gier, Hass und Wahn führen zu einer negativen Entwicklung, dies sollte nicht nur Buddhisten bekannt sein. Gier, die Einverleibung der Welt, die unbegrenzte Affirmation, Hass als Folge, die Vernichtung des Anderen, dem wir Begegnen, seine totale Negation, Wahn, die Herrschaft der

Repräsentanten, die nicht der Liebe, sondern der Gier als Erstheit und dem Hass als Zweitheit folgen, ihre verleugnete Limitation. Homöostase ist mit solchen Strategien nicht herstellbar, solche Autopoiese ohne dynamisches Gleichgewicht endet in einer Bruchlandung – mit und ohne Gott.

Kommt keine Kraft von außen in den politischen Raum, bleibt uns nur die Untersuchung der Relationen im Raum selbst, die Positionsbestimmung unseres Blindflugs, unserer eigenen Bewegungen und ihrer Erfahrung in diesem Koordinatensystem. Die Erstheit ist alles, was den Gesetzen dieses Raumes unterworfen ist, denn die Gesetze trennen das Mögliche vom Unmöglichen. Die Zweitheit ist die Auswirkung der Gesetze, erkennbar in der Begegnung, der Interaktion der realisierten Möglichkeiten, ihrer Existenz, in der sich die Wirklichkeit der Gesetze zeigt. Die Drittheit verallgemeinert die Gesetze und schafft den von Gesetzen erfüllten Raum, das Beziehungsgefüge der Gesetze, ihre Wechselwirkung.

6.1 Vitaler Raum

Die Erstheit der Relationen ist die Substanz, als Quantität mit den Kategorien der Einheit, der Vielheit, der Allheit. Jede lebendige Substanz, jede Vitalität folgt ihrer Bahn, erkennt Gesetze zuerst als Empfindung, als Wohl oder Unwohl, als Homöostase oder Bruchlandung in der Unmöglichkeit. Die Empfindung unterscheidet als lokales und gegenwärtiges Ereignis nicht die Ursache von der Wirkung, das Eigene vom Anderen. Wie beim Säugling ist die Begegnung mit dem Anderen zuerst nur Wohl oder Unwohl, sonst nichts. Die Erfahrungen der Vielheit mit Möglichem und Unmöglichem sind als Allheit dieser Einheit (Spezies, Art), als ihre Handlungsmöglichkeiten eingeschrieben. Sie werden durch Veränderung und Selektion, durch die Varianz der Vielheit, durch Evolution weiterentwickelt. Die Vielheit ist den Handlungsmöglichkeiten ihrer Art unterworfen oder sie erweitert ihre Varianz, bildet eine neue Art, ermöglicht neue Erfahrungen, neue Handlungsspielräume. Die positive Entwicklung ist das Überleben, die Öffnung des Systems zum Raum der Möglichkeiten, einer finalen Einheit, einer finalen Artengemeinschaft. Die Verminderung der Artenvielfalt oder ihrer Varianz ist gleichzeitig eine Verminderung der Möglichkeiten, des Handlungsspielraums der vitalen Substanz. Erst durch die distanzierenden Kräfte eines internen Unterschieds, wird aus der dimensionslosen Singularität die Einheit einer Vielheit, ein Raum, ein Körper, der dem Kollaps zum schwarzen Loch entkommen kann. Der Raum ist ein Beziehungsgefüge, ohne Beziehung gibt es diesen Raum nicht, so wie es vor dem Urknall keine Raumzeit gab und keine Teilchen. Ohne individuelle Lebewesen kollabiert die Erstheit des politischen Raums, die Voraussetzung aller weiteren Dimensionen. "Du sollst nicht töten" ist ein Gebot, diesen Raum nicht zu beschädigen, seine raumbildende Substanz, den individuellen Unterschied, den Anderen nicht zu vernichten. Mit der funktionellen Differenzierung hat der Homo oeconomicus seinen Handlungsspielraum erheblich erweitert, in der Dominanz (Konkurrenz) will er diesen wieder vernichten. Die Blase und die Echokammer sind virtuelle Räume mit verminderter Differenz, das Imperium die Vollendung dieser Erscheinung, die Echokammer des Imperators, in der der Ruf nach Freiheit als störendes Geräusch ertönt.

Als zweite Dimension kommt die Zeit als Kausalität hinzu, die Wirklichkeit, im Hier und Jetzt reduziert auf die Wirkung. Diese Zeiterfahrung erkennt die Vergangenheit als Ursache und die Gegenwart als Wahrnehmung einer Wirkung, die Zeit als Wirklichkeit, im Interpretanten lokalisiert als Erinnerung, als Geschichte der erfahrenen Veränderungen. In der Substanz ist die Handlung durch die Zugehörigkeit zur Art bestimmt, von ihrer Allheit, ihrem Handlungsspielraum, in der Kausalität von der Notwendigkeit das Mögliche zu tun. Ist das Notwendige nicht möglich, kollabiert diese Dimension. Die Zerstörung der notwendigen Lebensgrundlagen ist die Zerstörung des politischen Raums. Wir finden dies als Strategie in den Kriegen wieder: die verbrannte Erde, zerstörte Städte, dem Krieg gegen die Zivilbevölkerung, der Vielheit des Gegners, der Vielheit einer gegen die Behinderung ihrer Vitalität revoltierenden Bevölkerung. Der "failed state" ist Ausdruck dieser Zerstörung der Möglichkeiten im politischen Raum, das Notwendige zu tun. Die Idee, der Kriegsherr könnte diesen Raum zu seinem eigenen machen, ist eine Wahnidee – die Verkennung der Gesetze des politischen Raums, die Blindheit seines Hasses, der Wahn, er könne so seine Limitation erweitern, seine Gier. Es bleibt ihm nur eine Wüste, so wie auch die Zerstörung der Lebensgrundlagen für viele Arten dieser Welt nichts als Wüste hinterlässt. Gier, Hass und Wahn, wir finden diese immer gemeinsam. Als Kategorien untrennbar, sind dies die Dimensionen einer Entwicklung mit negativem Vorzeichen – *die Erde aber war wirr und leer, Finsternis lag über der Urflut und Gottes Geist schwebte über dem Wasser, Gen 1,2* – der Weg zurück.

In der dritten Dimension begegnen wir der Qualität. Sein oder Nichtsein, im Hier und Jetzt liegt die Entscheidung, Affirmation oder Negation, dies gilt auch für Gier, Hass und Wahn. Die Limitation bestimmt das Sein, die kontinuierliche Entscheidung der Vielfalt, die wir Leben nennen. Bleiben wir in der zweiten Dimension, der Kausalität, können wir die Wirkung unserer Entscheidungen nicht vollständig voraussehen. Als Verlängerung unserer Erfahrungen erscheint die Zukunft als ewig Gleiches, sie eröffnet keine neuen Möglichkeiten; so verliert das Leben seine Freiheit: das Ende der Geschichte. Das Unvorhergesehene ist Zukunft, das Vorhersehbare der Nachhall der Vergangenheit, die vorhersehbare Zukunft erscheint nur in der Gestalt des Schicksals, als Karma, Wahrscheinlichkeit oder Vorherbestimmung, nicht als Möglichkeit. Die Statistik auf Grundlage einer vorhandenen Datenbasis geht diesen Weg, erreicht die Zukunft nur als Prozentangabe. Für Statistiker mag dies eine interessante Fragestellung sein: Was sind 50 Prozent des ewigen Lebens, was würde eine KI antworten, wenn sie endlich alle vorhandenen Daten erlernt hat? Bleiben wir bei der Erfahrung, werden wir sterben, ewiges Leben eines Individuums gehört nicht zu unserem Erfahrungsschatz. Stirbt das Lebewesen, stirbt sein politischer Raum: Die Redewendung "nach mir die Sintflut" besagt das Gleiche. Für ein Individuum mag diese Einsicht das Ende jeder Entwicklung bedeuten, solange die dritte

Dimension seines individuellen Interpretanten nicht voll entwickelt ist. Als Individuum ist die Drittheit ohne überindividuelle Repräsentanten nur als Limitation mit einer letzten Entscheidung erfahrbar. An dieser Erfahrung der eigenen Sterblichkeit scheitert allzu oft die Einsicht in die Natur des Lebens, die aus individueller Perspektive in der Unendlichkeit verschwindet, wo sie nur als Möglichkeit, als Vitalität wahrgenommen werden kann. So füllen wir unsere Phantasie mit vorhersehbaren Objekten der Begierde und laufen diesen Bildern der Vergangenheit hinterher.

6.2   seit Minkowski

Die Weltlinie des Lebens endet nicht mit einem einzelnen gelebten Leben. Diese generationsübergreifende Erfahrung haben wir bereits durch die Erinnerung an unsere Ahnen gemacht. Das Ende der Weltlinie des Lebens kennen wir nicht, obwohl das Leben dieses Ende seit Beginn in sich trägt. Seit der Relativitätstheorie, der Darstellung der Zeit als Raumdimension, die Zeit und Raumentfernung als Funktion der Lichtgeschwindigkeit darstellt, haben wir die Weltlinie schwarz auf weiß, eine Linie im Minkowski-Diagramm. Diese Linie, die Vergangenheit, Gegenwart und Zukunft eines Teilchens, als seinen Ort in der Raumzeit abbildet, wird als seine Weltlinie bezeichnet. Die Verbindung zur Weltlinie des Lebens ist eine Verbindung zur Generationenfolge, zu den anderen Lebewesen der eigenen und denen der anderen Arten. Im Minkowski-Diagramm ist die Gegenwart einer Begegnung der Schnittpunkt der Weltlinien zweier Teilchen. Die Summe der Weltlinien einer kommunizierenden Gemeinschaft, dieses

Netzwerk aus Begegnungen in Raum und Zeit, unzählige Weltlinien, die sich wie Fasern zu einem Gewebe verbinden, ein Weltraum. Die Verbindung mit dem Weltraum des Lebens nennen wir
auch Liebe – die selbstlose Liebe oder Agape, wie sie seit dem
Altertum genannt wird. Charles Sanders Peirce hat deshalb den
Fortschritt, die positive Entwicklung in der Evolution, als Agapismus bezeichnet – und ohne Agape droht die Selektion. Es ist die
Kommunikation, die im Zeichenprozess Bedeutungen überträgt,
Erfahrungen als Zeichenbeziehungen überindividuell verfügbar
macht, unsere Existenz bis heute ermöglicht hat. Es ist die Wahrheit, die durch ihre Kategorien Notwendigkeit, Existenz und Möglichkeit zur Weltlinie des Lebens wird, die diesem Zeichenprozess
das Vertrauen zum Blindflug in die Zukunft, in den Raum der
Möglichkeiten verleiht. Es ist der Wahn, der die lebendige Welt
der Willkür unterstellt – so wie es mit der liberalistischen Auffassung vom Eigentum an dieser Welt als individuelle Erfahrung
geschieht – und so die Herrschaft von Gier und Hass inthronisiert.

*Seid fruchtbar und mehret euch und füllet die Erde und machet sie
euch untertan und herrschet über die Fische im Meer und über die
Vögel des Himmels und über alles Lebendige, was auf Erden
kriecht!* 1. Moses 1, 28

Der Herrscher stirbt mit seinem Untertan. Dieser Segen stellt sich
als Fluch heraus, wenn der Herrscher dem Untertan das eigene
Leben nimmt. Herrschaft als Willkür, als Gewalt – mit diesem Verständnis erweist sich diese Theologie als Wahn. Agape als Herrschaft erscheint uns als Widerspruch, als herrschaftslos, eine

Folge des zweidimensionalen Denkens. Dreidimensional ergibt sich die Segnung der Schöpfung als Ganzes, die Fische haben den gleichen Segen erhalten. Die Aufforderung, sich die Menschen zum Untertan zu machen, wird von diesen nur anders interpretiert.

6.3 Kommunikation

Die Weltlinien der Teilchen können nur zu einer Weltfläche werden, wenn sie in irgend einer Weise verbunden sind, Gleiches gilt für die Flächen, wenn diese sich zu einem Raum, einer Welt fügen. Die Teilchen, die bei einer Kollision im Teilchenbeschleuniger entstehen und sofort wieder zerfallen, die Wechselwirkungen, die diese Zustände verbinden: sie zeugen von dieser Kommunikation der Weltlinien, von dem Wort, welches am Anfang steht,

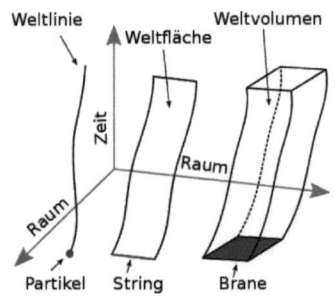

Weltlinie, Weltfläche und Weltvolumen in einer (2+1)-dimensionalen Raumzeit
Wikipedia

bevor eine Welt entsteht. In der Stringtheorie verbinden Strings (klingende Saite) die Weltlinien zur Fläche und Brane diese zum Raum. Zwei Brane ohne jegliche Verbindung sind vollständig getrennt, wir können von solch getrennten Universen nichts wissen, die Wurmlöcher als Verbindungstunnel bestehen aus Spekulation. Verbundene Welten verbinden sich zu einem Kommunikationsraum oder Universum. Im politischen Raum verhält es sich entsprechend: Ohne Kommunikation gäbe es nur Teilchen, jedes wie eine eigene Welt, die von den anderen Welten und von sich selbst nichts weiß. In der Semiotik ist der Zeichenprozess Kommunikation, Zeichen, die in Zeichenbeziehungen endlos aneinandergereiht werden, die mit anderen interpretierenden Lebewesen geteilt werden, die art- und generationsübergreifend in einem dauernden Strom aus Zeichen die Geschichte unserer Erfahrungen und damit die Erfahrung unserer Welt abbilden: Das ist alles, was wir als Eigentum an ihr haben. Und die Wechselwirkung zeigt: Kommunikation ist keine Einbahnstraße. Was haben die Fische uns zu sagen?

6.4   Repräsentanz

Die direkte Kommunikation in der Begegnung – der Schnittpunkt zweier Weltlinien im Minkowski-Diagramm – kann erst durch die Verknüpfung mit einem Dritten zu einem Netz, zu einer Fläche, einem Raum versponnen werden. Die Verknüpfung mit einem Dritten und allen Weiteren erfolgt durch Repräsentanz, durch Übertragung von Bedeutung in der Kommunikation. So kommt die Verbindung vom Dritten mit dem Ersten ohne direkte Begegnung in Raum und Zeit mit diesem zustande. Die Verwendung von Repräsentanten ist nur deshalb eine sinnvolle Operation, weil die holistische Struktur der Kategorien, ihre logische Form eine Übertragung von Bedeutung ermöglicht, der Bedeutung einen Ort, eine Zeit, eine Position im politischen Raum zuordnen kann – diese Möglichkeit ist eine notwendige Bedingung für die Wirklichkeit einer Repräsentanz. So werden aus der Erstheit, Zweitheit,

Drittheit die Kategorien der Relationen, aus diesen die Raum-koordinaten, die Quantität, Modalität, Qualität mit ihren je drei Kategorien. So fügen sich die Repräsentanzen zu unserer Welt zusammen. Es ist die einzige Möglichkeit, wie ein Teilchen oder Individuum seinen Ort und seine Zeit, die als Weltlinie eindimensional und endlich ist, zur Fläche und zum Raum durch Kommunikation mit den anderen Teilchen erweitern kann.

Jedes Teilchen hat seine Weltlinie. Diese schwebt in der Raumzeit, bis wir sie in einem Koordinatensystem als Datum bestimmen. Im Zentrum dieses Systems steht der Beobachter, im Hier und Jetzt, nicht als Linie, sondern als relativer Nullpunkt. Seine Wahrnehmung beschränkt sich auf die gleiche Raumzeit, lässt die anderen Teilchen (Weltlinien) als Punkt erscheinen, festgelegt durch die Werte Hier und Jetzt. Die Vergangenheit ist ein anderes Datum, in der Erinnerung gespeichert als Zeichen, als Repräsentant dieses Datums. Insoweit wundert es nicht, dass auch die Vergangenheit durch den Austausch von Repräsentanten veränderbar ist, das einzig Gegebene ist dabei das Datum selbst. Im Minkowski-Diagramm reicht die Weltlinie auch in die Zukunft hinein, nur sind die Aussagen zu solch einem Datum abhängig von einem gesetzmäßigen Verlauf der Ereignisse, sonst lässt sich diese Bahn nicht im Voraus berechnen. Kontinuität und Konstante wie die Lichtgeschwindigkeit verhelfen den Physikern zu ihren Aussagen – und diese Aussagen sind auf die Naturgesetze beschränkt und reichen nicht für die Vorhersage der Lottozahlen; die Wechselwirkungen mit den anderen Kugeln sprengen diesen Rahmen. Für ein Leben in Freiheit können wir eine Vorhersage nicht machen, aber die Gesetze gelten auch für ein freies Leben. Vorhersagen zu einem gesetzmäßigen Verlauf sind möglich, wenn wir dabei wie Physiker auf die Einhaltung der Naturgesetze achten; Logik und Mathematik gehören dazu. Mit dieser Methode lässt sich das Unmögliche von dem Möglichen trennen. Wir machen dies ständig in unserer Phantasie – inklusive der Überschreitung der Naturgesetze, um auch diese Freiheit für einen Augenblick zu genießen. Der Lottogewinn mit der unmöglichen 100-Prozent-Chance gehört dazu. Nach dieser Unterscheidung des Möglichen vom Unmöglichen stellt sich Hamlets Frage immer wieder neu: Sein oder Nichtsein? Nach der Unterscheidung die Entscheidung: Gebe ich den Tippschein ab oder nicht? Der Gewinn ist zwar möglich, aber unwahrscheinlich und auf keinen Fall 100-prozentig. Bis zur Auslosung bleiben das Kopfkino der imaginierten Objekte des Begehrens, die Möglichkeiten, die aus dem Hergebrachten und nicht aus der Zukunft geschöpft werden. Der Blick auf die Möglichkeiten ist unser Blick in die Zukunft, wir teilen ihn mit den Neugeborenen; über die Erstheit kommt er nicht hinaus.

6.5 Relativ

Ausgehend von den Peirceschen Kategorien der Erstheit, Zweitheit und Drittheit finden wir eine Form, die sich vom Teilchen über die Teile zum Gesamten erstreckt, die als Bedingung unserer Erfahrungen auch das Erfahrbare bestimmt. Die logische Form der Kategorien wiederholt sich in den Kategorien Kants, den Raumdimensionen unserer Erfahrungen, der Teilchen und ihren

Beziehungen, die sie zur Welt formen. Wir beobachten sie getrennt, aber separieren können wir sie nicht, denn dadurch verlören sie ihre Welteigenschaft.

Der politische Raum ist in dieser Beziehung vom Weltraum nicht unterschieden. Das Minkowski-Diagramm ist zweidimensional, der Raum wird dabei auf eine Dimension reduziert: auf die Entfernung – gleichgültig in welcher Richtung. Auch das politische Diagramm reduziert den politischen Raum auf zwei Dimension und liefert uns eine entsprechende Aussage. Der Minkowski-Raum ist ein vierdimensionaler Raum, der politische Raum ebenfalls. Aber die vierte Dimension ist unsichtbar, die Physiker machen sie mithilfe der Mathematik für ihre Zwecke sichtbar.

Betrachten wir die Welt mit unseren Augen, sehen wir in die Vergangenheit. Bei den irdischen Abständen ist der zeitliche Unterschied zur Gegenwart, wegen der hohen Geschwindigkeit des Lichts, derart klein, dass wir diesen nicht wahrnehmen, sodass er für unsere irdischen Erfahrungen keine Bedeutung hat. Wir haben uns an die dreidimensionale Annäherung, den euklidischen Raum, gewöhnt, dieses konstante, ewige Hier und Jetzt. Wir kennen aber die Distanz und unterscheiden zwischen zeitlicher und räumlicher Distanz. Gleiches gilt für Ziele: sie liegen in der Zukunft oder an einem anderen Ort oder beides. Mit der Kausalität ist die Zeit bereits im Raum integriert. Aber welche der drei Raumdimensionen fehlt, wenn die Zeit bereits eine von ihnen ist? Die Kausalität hat den Platz von vorne und hinten eingenommen und in vorher und nachher verwandelt. Ohne den Ursprung zu vernichten, verschmilzt sie zu einer Raumzeit, die den Raum in seiner Zeitdimension eindimensional repräsentiert, als Veränderung. Mit der Substanz ist der Raum als physischer Raum in einer Dimension präsent, als Existenz; mit der Wechselwirkung wird seine gleichzeitige Vielfalt in einer Dimension lokalisierbar: seiner energetischen Dimension, seinen Möglichkeiten, seiner Lebendigkeit, seiner offenen Zukunft.

Gleich den Physikern behelfen wir uns mit einer Berechnung, um solche Lücken in der Raumzeit zu schließen, und fügen der zweidimensionalen Wahrnehmung weitere Dimensionen hinzu – oder besser gesagt, unser Gehirn hilft uns dabei. Betrachten wir die Welt, sehen wir nur das von Oberflächen reflektierte Licht, das Ergebnis ist zweidimensional. Aus dem Unterschied der Einfallswinkel des Lichts zwischen dem rechten und dem linken Auge errechnet unser Gehirn den sichtbaren Raum, eine dritte Dimension – und diese ist eine Drittheit, eine Erkenntnis, Ergebnis einer Kognition unseres Gehirns. Aber wir wüssten doch zu gerne, was hinter den Oberflächen liegt, die nun im Raum als Körper erscheinen, die wir nun von allen Seiten betrachten können, ohne ihren Inhalt zu sehen. Die Anatomen schneiden die Körper auf und schauen hinein, neue Welten werden dort entdeckt, Körperteile aus den Oberflächen der tieferen Schichten und Organe, nach der Zelle die Zellorgane, dann ihre molekulare Struktur. Die Physiker dringen bis zum Atom vor, dem Unteilbaren, teilen es weiter, um sein Inneres zu erfahren. Weitere Teilchen folgen, Teilchen nahezu ohne Substanz. Energie und Information erscheinen als Zeichen an den Detektoren der Teilchenbeschleuniger, wenn kleinste Teilchen zertrümmert werden, um ihr inneres Geheimnis preiszugeben. Ohne Interpretant bliebe nur das Geheimnis übrig. Die Zeichen geben ihren Inhalt nicht preis, sie verweisen nur darauf, dass da noch etwas ist. Die Zeichen, die im Interpretanten durch Beziehungen zu anderen Zeichen in eine Welt aus Oberflächen zurückübersetzt werden, folgen den Gesetzen, den Notwendigkeiten, die für eine Interpretation beachtet werden müssen, um unseren Entscheidungen den künstlichen Horizont zu verschaffen, der uns vor der Bruchlandung in die Unmöglichkeit einer schlecht interpretierten Topografie schützt. Die Physiker gebrauchen die Messung und die Mathematik zum Nachweis der Notwendigkeit, aber was brauchen wir im politischen Raum zu diesem Zweck? Die Reduktion der Kategorien auf die Erstheit, Zweitheit, Drittheit, die Bedeutung der logischen Form für die Zeichenbeziehungen, ihre Übertragbarkeit: sie verweisen auch auf die Zahl und die Mathematik – ihre Logik, ihre Gesetze. Im Interpretanten finden wir so die unsichtbare dritte und vierte Dimension des Raums.

Auch im politischen Raum hat ein Teilchen die Dimension null; erst durch die Quantität, als Vielheit einer Einheit, wird sie zur Dimension 1 – wie eine Linie, die aus unzähligen möglichen Punkten besteht. Mit der Einheit und der Allheit verbinden sich diese Punkte zur Linie, von der Gravitation vertikal ausgerichtet, zur ersten Dimension. Erfährt das Teilchen auf dieser Linie eine kontinuierliche Wirkung (Veränderung), ergeben diese Wirkungen die zweite Dimension, verbunden und ausgerichtet durch die Möglichkeit und die Notwendigkeit, der Richtung der Veränderung

(+/-, Aufstieg/Abstieg, Wohl/Unwohl). Die erste Dimension (Substanz) finden wir vor, deswegen wird sie als Schöpfung eines im politischen Raum nicht enthaltenen Schöpfers angesehen, als prähistorisch. Die zweite Dimension (Kausalität) erleiden wir als Schicksal, Karma, Vorherbestimmung, als den Naturgesetzen Unterworfene, als Schuld. Erst in der dritten Dimension, der kontinuierlichen Entscheidung des Unentschiedenen, erlangen wir eine eigene Dimension. Die Dimensionen stellen den Freiheitsgrad einer Bewegung im Raum dar, erst mit der Entscheidung, der Qualität unseres Seins erlangen wir diese Freiheit – und nur in dieser Dimension als eigene Entscheidung. Somit ist die Entscheidung selbst die Voraussetzung unserer Freiheit. Die Entscheidungsfreiheit aber erlangen wir nur durch die dreidimensionale Erfahrung des politischen Raums, seiner dritten Dimension, der Ausdehnung der gegebenen Dimensionen zum Entscheidungsraum. Betrachten wir die Kategorien unserer Erkenntnis, kann erst in der Entscheidung Freiheit bewusst erlebt werden, vorher ist diese nur Möglichkeit (Phantasie) oder kausal gebunden, abhängig von selten guten Umständen. So findet sich das Teilchen mit der Dimension null in der dreidimensionalen Welt wieder und mit der Zeit auch vierdimensional. Im Zentrum des politischen Raums verbinden sich die Entscheidung, die Handlung und die Erfahrung zu einer Triade, deren Kategorien wir nicht separieren können, ohne unsere Erkenntnis zu verlieren. Die Kausalität erscheint nur im Zusammenhang mit der freien Entscheidung als Verantwortung, als Antwort auf unsere Handlungen; vorher ist sie Schicksal, Erbsünde, Karma oder Resultat vergleichbarer Konstruktionen unfreier Kausalität, die im Anthropozän durch ihre Verantwortungslosigkeit in die menschliche Katastrophe führen. Die Hoffnung auf Vergebung ist der Ausdruck einer zweidimensionalen Wahrnehmung der Polis: der Entscheidung in Gottes Händen und des Lebens als Ritual. Daraus ergibt sich, dass Freiheit und Verantwortung untrennbar verbunden sind, eine Einsicht, die in der modernen Ethik längst angekommen ist. Mit dieser Erkenntnis verwandelt sich der Ruf nach einer freien Wirtschaft in den Ruf nach einer Wirtschaft, die Verantwortung trägt. Leider wird in diesem Zusammenhang der Ruf nach Freiheit leise vorgetragen. Unter der Last der Verantwortung erschallt schnell der Ruf nach einem starken Führer: Wie im Himmel so auf Erden – mit limitierter Willkür erscheint Freiheit weniger lukrativ. Das Sozialisieren der Verantwortung ist die säkulare Form dieser Anrufung Gottes.

7. Gesetze

Mit der Handlung im Zentrum des politischen Raums stellt sich die Frage: Was ist zu tun? Die Erkenntnis als Unterscheidung von Gut und Böse, wie sie im Sündenfall beschrieben wird, steht im Verhältnis zum Schöpfer, bezieht sich auf die Schöpfung. Mit der Schöpfung als evolutionärem Prozess teilt sich die mögliche Entscheidung in die Affirmation oder Negation dieser Evolution, die resultierende Handlung als notwendige und mögliche oder als Destruktion, als Unmöglichkeit. Die folgende Erfahrung von Gut und Böse als Ergebnis der Handlung ist die Erfahrung der Selektion durch das Gesetz. Im Kreationismus findet die Möglichkeit

94

keinen Platz – damit gibt es keine freie Entscheidung. Die Handlung reduziert sich auf ein Ritual, eine Geste der Unterwerfung unter das Schicksal oder die Politik. In einem zur Zukunft offenen System unterliegt auch die Religion einer Evolution. Erschöpft sie sich im Dogma und im Ritual, erfährt sie die Selektion. Totalitäre Systeme fürchten zu Recht die Selektion und neigen zum Ritual, zur Verbannung der Freiheit aus dem Handlungsspielraum, erzeugen totalitäre Religionen, sind anti-evolutionär. Der Rückwärtsblick der Buchreligionen verkürzt, ohne den Blick in eine offene Zukunft, die eigene Weltlinie.

Mit der Wissenschaft als neue Religion können wir die Gesetze differenzierter fassen, die Möglichkeiten einer offenen Zukunft besser von ihrer Unmöglichkeit unterscheiden. Mit diesem Blick wird die Unmöglichkeit totalitärer Systeme zunehmend sichtbar, gerät aber auch die Wissenschaft in das totalitäre Blickfeld – Historiker bekommen dies zuerst zu spüren. Unter Wissenschaft verstehen wir oft nur die Erforschung der "Naturgesetze", als Gesetze, denen die Substanz unterworfen ist. Hier intervenieren totalitäre Systeme selten, zur Aneignung und Kontrolle der Substanzen erscheint diese Wissenschaft auch totalitär als nützlich. Wissenschaft, die sich mit der Kausalität des politischen Raumes befasst, die Geschichte, Soziologie, Politologie, Ökonomie usw. als Forschungsfeld bearbeitet, wird gerne kontrolliert, zu einer herrschenden Kausalität umgeschrieben. Wissenschaften der dritten Dimension, der Erforschung des Seins, des Lebens, der Evolution selbst, stehen in einem feindlichen Verhältnis zum Totalitären, denn diese erforschen die Gesetze der kontinuierlichen Limitation, das Ende jeder totalen Affirmation oder Negation – dazu gehört auch die Kunst. Die Ökologie ist eine solche Wissenschaft, die Erforschung des Klimawandels ist nur eine ihrer aktuellen Herausforderungen. Der Versuch, Ökologie ökonomisch zu verstehen, ist Ausdruck einer feindlichen Übernahme durch einen totalitären Kapitalismus, der in seinem Wachstumsparadigma seine Limitation verleugnet. Er verspricht die Problemlösung mit Waffengewalt, mit Technik und droht in seinem eigenen Vokabular mit der Ökodiktatur, der unfreien Entscheidung: die einzige Möglichkeit, die er aus zweidimensionaler Perspektive sehen kann.

Auch der politische Raum ist den Naturgesetzen unterworfen, er befindet sich nicht außerhalb unseres Universums. Die politischen Gesetze, die die Vielheit einer Polis vereinbart, rahmen die Entscheidungen und damit die Handlungen der Vielheit, bestrafen Ungesetzlichkeit gleich der evolutionären Selektion mit partiellem oder vollständigem Ausschluss aus der Einheit. Das Verhältnis vom Teilchen zum Ganzen, das von Teilchen zu Teilchen, das Recht auf Möglichkeiten und die Pflicht zur Notwendigkeit sind die Themen dieser Gesetze. Mit dem Einfluss auf die Entscheidungen der Vielheit gestalten sie das Sein der Polis, ihre Limitation.

Der Blick auf die Evolution unterliegt selbst einer Evolution, entwickelt sich vom Teilchen zum Ganzen. Dabei übertragen sich die Prinzipien von Stufe zu Stufe, vom Lebewesen zur Art, zum Biotop, zur Welt. Der Kreationismus, das Gesetztsein durch den

Schöpfer, nimmt dabei ab, der Freiheitsgrad steigt, die Verantwortung mit ihm; dafür sorgt die Selektion der Unmöglichkeiten. Das System öffnet sich zur Zukunft, der Raum der Möglichkeiten erweitert sich. Der Abstieg der Götter ist von der Übertragung der Gesetzgebung begleitet, die Tontafeln sind verloren gegangen. Die von Peirce als Agapismus bezeichnete positive Richtung der Evolution ist die Gesetzlichkeit, die Willkür ist ihr Gegenspieler. Gesetzlichkeit und Freiheit bilden dabei keinen Widerspruch: Die Gesetzlichkeit begrenzt die Freiheit nur in der Entscheidung zur Unmöglichkeit, die Willkür unterscheidet diese in ihrer Selbstbezogenheit nicht von der Möglichkeit, solange die Unmöglichkeit in Zeit und Raum vom Individuum getrennt erscheint, der Krieg beim Nachbarn stattfindet, Hunger, Dürre und Katastrophen als Nachrichten aus einer anderen Welt wahrgenommen werden. Gesetze die aus der Willkür heraus durchgesetzt werden, können durchaus Unmöglichkeiten zum Gesetz machen. Dies unterscheidet sie vom "göttlichen" Gesetz und betrifft auch die Gesetzbücher der Religionen, die sich mit ihren Wundern offen dazu bekennen und selbst die Gravitation für diverse Himmelfahrten außer Kraft setzen.

7.1   Annäherung

Unzufrieden mit dem Blindflug in die offene Zukunft, haben die Menschen ihren Interpretanten erheblich erweitert, können gesetzmäßige Erscheinungen vorausberechnen: von der Sonnenfinsternis bis zur Gravitationswelle und bald bis zur Quantengravitation. Die Weltformel steht zwar immer noch aus, aber das

Wissen wächst unaufhörlich. Es stellt sich die Frage, ob es irgendwann zum Sichtflug ausreicht. Die Annäherung an die Wirklichkeit, die Realität, die absolute Wahrheit, wie auch immer die Allwissenheit genannt wird, kann man als Asymptote zu einem finalen Zustand vermuten. Gewissheit gäbe es aber erst in der vollständigen Annäherung. Bis dahin ist die Asymptote ein Zeichen, eine Möglichkeit, mehr nicht. Die aus unserer Erfahrung erstellte Topographie einer Welt bleibt eine Oberfläche, ein Netz aus Zeichen, durch Beziehungen verwoben. Diese Welt, aus unseren Erfahrungen gewebt, erlaubt uns, die notwendigen Entscheidungen zu treffen und zu überleben. Ein Wissen um das Unentschiedene ist nur in einer geschlossenen Raumzeit mit einer ersten und letzten Entscheidung denkbar, beide entziehen sich unserer Wahrnehmung. Durch unsere Entscheidungen und die folgenden Handlungen legen wir Unentschiedenes fest, verwandeln wir die offene Zukunft in Vergangenheit, schaffen neue Notwendigkeiten, neues Karma, neues Wissen. Mit unseren Handlungen verweben wir uns mit der Welt, werden Teil vom Ganzen, erkennen ein neues Zeichen, das Anthropozän, werden selbst zur Welt. Aber die Limitation verhindert, dass wir die ganze Welt sind, die Welt sich unserer Willkür unterwirft. Die Weltformel lässt sich allenfalls im Agapismus erkennen, der Annäherung durch Beziehung, durch Kommunikation, bis letztlich alles gesagt und verstanden ist.

Verstehen wir unsere politischen Gesetze als Teil des evolutionären Prozesses, als Gesetze unserer eigenen Natur und ihrer Evolution, können wir die gleichen logischen Formen entdecken, die wir in den Naturgesetzen so erfolgreich anwenden. Von den grundlegenden Kategorien der Erstheit, Zweiheit, Drittheit bis zum dreidimensionalen Raum des Beziehungsgefüges, bis zur vierten Dimension, der Vielfalt dieses Raumes in der Zeit, seiner Öffnung zur Zukunft. Der holistische Aufbau unserer Erkenntnis entspricht einer Welt, deren Ganzes aus Teilchen gefügt ist, Teilchen, die in Beziehung stehen, deren Beziehungen sich in der Zeit evolutionär verändern. Prähistorisch als Singularität verstanden, teilt sich diese, wird zur Dualität, trennen sich die drei GUT-Kräfte von der Gravitation, expandieren mit der Zeit zum Raum, ein Universum entsteht. Theologisch schuf Gott zuerst Himmel und Erde, dann schied er das Licht von der Finsternis, trennte das Wasser vom Wasser durch ein Gewölbe (Raum), trennte es in Oben und Unten (Gravitation), trennte das Wasser vom Trockenen, eine lebendige Welt entsteht. Die Singularität ist prähistorisch, entzieht sich einer differenzierten Betrachtung in Raum und Zeit. Der prähistorische Gott expandiert mit dem Universum und unserer Erkenntnis, lässt sich nicht mehr mit einem Blick als Singularität fassen – diese verbirgt sich hinter der Hintergrundstrahlung.

Aus der Singularität entstehen auch die Gesetze der Polis, als Dualität von gut und böse, falsch und richtig, menschlich und unmenschlich. Diese expandieren zur Raumzeit, der Beziehung vom Teilchen zum Ganzen, der Unterscheidung von Ursache und Wirkung, Verantwortung und Schuld, der Beziehung eines Teilchens zu den anderen Teilchen. Vom Gesetz eines Gottes (Dualität) zum Gesetz eines Gottkönigs (Gravitation, Macht), zum Gesetz des Königs (Raumzeit, Reich). Die Gewaltenteilung und die funktionelle Differenzierung als Koordinaten in der Raumzeit, die Evolution einer lebendigen Polis. Von der Erstheit zur Drittheit, von der Möglichkeit zur Notwendigkeit, die Richtung unserer Existenz, die Richtung der Evolution. Wir stehen an der Schwelle, die Selektion selbst in die Hand zu nehmen – und damit die Verantwortung. Wir verschaffen uns die Mittel, aus der Mutation als Zufallsprodukt eine Veränderung in eigener Absicht zu machen, den genetischen Code selbst zu schreiben, die zweidimensionale Erkenntnis der Evolution mit der eigenen Entscheidung zum politischen Raum zu erweitern.

Aber wo stehen wir in der Entwicklung? Die weite Verbreitung von Gier, Hass und Wahn zeugen von mangelnder Drittheit, fehlender Anerkennung des Anderen, unzureichender Limitation. Die vom Eigentum versperrte Teilhabe führt zur Ungleichheit und Unfreiheit. Die Vernichtung differenzierender Kräfte in der Vielheit zur Erzeugung größtmöglicher Gravitation verwandelt die Substanz in undifferenzierte Masse, in ein schwarzes Loch, bringt sie als Imperium zur letzten Schlacht gegen den Rest der Welt in Stellung. Die Erforschung ökologischer Beziehungen zeigt uns die Kipppunkte zwischen möglichen und unmöglichen Entscheidungen. Die möglichen Entscheidungen stehen aber noch aus, der Kurs kippt ohne Richtungswechsel in Richtung Unmöglichkeit (grenzenloses Wachstum). Die Kenntnis von der Selektion, die Vorhersage der Katastrophen, sie wird weiterhin von der Willkür als irgendwann und anderswo in der Raumzeit verortet. Gleichheit und Teilhabe haben noch keinen Verfassungsrang.

8. Pragmatismus

Charles Sanders Peirce gilt als Mitbegründer eines modernen Pragmatismus, eine Philosophie, die unter ihrer Einheit schnell ihre Vielheit in unterschiedlichen Denkrichtungen zeigte. Das Gemeinsame ist die Handlung, die Erfahrung, ihr Verhältnis zu Wahrheit und Erkenntnis oder zur Nützlichkeit, macht den Unterschied dieser Denkrichtungen aus. Die Stellung der Handlung im Zentrum dieser Philosophie entspricht der zentralen Stellung im politischen Raum. Die raumbildenden Koordinaten, die diese Mitte erst in eine zentrale Relation zu einer Welt bringen, erlauben unterschiedliche Richtungen des Denkens von dieser Mitte aus. Auch bei den Philosophen lassen sich anscheinend nicht allzu viele dreidimensionale Denker finden. Populär sind die Denkrichtungen geworden, die eine Handlung von ihrer Nützlichkeit her betrachtet haben, die das Ergebnis einer Handlung mit ihrer Wahrheit gleichsetzen – dies gelingt nur durch Interpretation der kausalen Dimension. Die Reproduzierbarkeit einer Ursache-Wirkung-Verbindung gilt als Beweis ihrer Wahrheit (Notwendigkeit). Die Betrachtung eines Nutzens beschränkt sich dabei leicht auf die partikulare Einheit, die den Nutzen erfährt. Mit dieser Methode lässt sich beweisen, dass Gier zu Reichtum führt, das neoliberale Credo schlechthin. Erst in der Betrachtung einer weiteren Dimension zeigt sich, dass der Reichtum der Gierigen zur Armut der Anderen führt, diese Wahrheit also keine Allgemeingültigkeit besitzt. Eine weitere Dimension zeigt, dass die Nützlichkeit ohne Ressourcen keine Wirklichkeit und ohne Entscheidungsraum keine Möglichkeit zur Verwirklichung hat, Ursachen, die der neoliberalen Wahrheit fehlen. Das Wesen der Gier und die zugehörige Handlung der Einverleibung zeigen sich erst in der dreidimensionalen Betrachtung, ihren ökologischen, ökonomischen und sozialen Wirkungen und der Rolle von Macht und Gewalt bei Ressourcen und Entscheidung. Auch in der Debatte zum richtigen Umgang mit den Flüchtlingsströmen zeigt sich der Utilitarismus als eindimensionale Denkrichtung, die kein Problem mit der Rechtfertigung von Hass hat, wenn dieser in Bezug auf eine partikulare Einheit als nützlich erscheint. Peirce hat sich schnell von den Anfängen einer relativistischen Nützlichkeitsphilosophie distanziert und seinen Pragmatismus in Pragmatizismus umbenannt. Die eindimensionale Denkrichtung ist der Perspektive der Macht geschuldet, der Kontrolle als Zweck und der Gewalt als Mittel – eine pragmatische Reduktion der Welt auf Herrschaft über Untertanen, eine Politik, der sich bisweilen auch Philosophen andienen.

9. Entscheidung, Abschied vom Konflikt

Konfliktreiches Intermezzo

Wir teilen uns diese Welt, ihren begrenzten Raum, ihre Ressourcen, mit ca. 7.500.000.000 Menschen und ungezählten anderen Lebewesen. Auch wenn die Bibel vom Lamm erzählt, welches irgendwann neben dem Löwen liegt: So weit ist es noch nicht. Jede Menge Konflikte, viele Überlebensstrategien – wir versuchen damit zurechtzukommen. Eine Ordnung der Konfliktlösungen kann man anhand ihrer Komplexität bilden. Ein höherer Grad an Komplexität gibt einen Hinweis auf eine spätere Entwicklung in der Evolution, physiologisch sind mehr Neuronen daran beteiligt als bei einfachen Lösungen. Die einfachste Lösung ist die Flucht. Es gibt Insekten, da reichen einige Nervenzellen (<10) zur Auslösung dieser Reaktion. Schnell und effizient, wenn man schnell genug ist – wir kennen das von unseren Versuchen, eine Fliege zu fangen. Aber warum fliehen, ohne Grund? Wir versuchen, unser Leben zu retten, irgendwo lauert immer ein Raubtier: Was befindet sich auf Ihrem Speiseplan? Flucht ist ohne Grund nicht denkbar, wer will sich schon gerne fressen oder vom Futternapf vertreiben lassen. Flucht ist die Erstheit einer Ordnung, die Affirmation des Aggressors und die des Flüchtenden, der sein Leben nicht aufgeben mag. Er geht dem möglichen Konflikt, der Begegnung mit der Negation, aus dem Weg. Auf der nächsten Stufe der Evolution folgt der Kampf, er ist komplexer als die Flucht – sich nicht fressen oder vertreiben zu lassen, braucht ein Vielfaches an Neuronen. Leider hat er einen Nachteil: Man muss schon stärker sein als der Gegner, sonst kommt dieser noch auf die Idee, nicht selbst zu fliehen, sich zu bewaffnen, sich zum Rudel zusammenzurotten, ins Fitnessstudio zu gehen. Bei Gegenwehr können Niederlage, Verletzungen, bleibende Schäden den Überlebenskampf nachhaltig behindern. Sein oder Nichtsein, das ist hier die Frage, die Zweitheit des Konflikts. Fortgeschritten in der Evolution, kann man solche Risiken durch eine Ordnung vermindern.

Hierarchie ist so eine Ordnung, wie auch die Herde mit dem Leitbullen, dem Silberrücken, dem Souverän. Es gibt viele Ordnungen, die den ruinösen Kampf, durch die Vorwegnahme eines vermutlichen Ergebnisses einer Schlacht, in einer Ordnung der Kräfteverhältnisse, dem volonté de tous, ausschließen wollen. Beobachtungen zeigen allerdings: Versagt eine Strategie, wird eine weniger komplexe Strategie eingesetzt, eine, die neuronal schneller und eindeutiger ist. Ordnung kann den Kampf nicht vollständig verhindern, der Jungbulle wird von seiner Vitalität (seiner Erstheit) getrieben, den Leitbullen herausfordern, wird versuchen, eine neue Ordnung herzustellen, in der seine Erstheit zum Zuge kommt – Grüße an Autokraten, Oligarchen und Co. –, oft kommt er aus den eigenen Reihen. Die politischen Ordnungen der Welt, die Nord-Süd-Konflikte, die Stadt-Land-Konflikte, der Nachhall des Kolonialismus, sie sind alle Zeugen für die Instabilität hierarchischer Ordnungen. Sind Flucht, Verdrängung und Raub noch als Begehren, als Erstheit einer Ordnung zu verstehen, ist der Kampf eine Zweitheit, der Grund, warum plötzlich Gewinn und Verlust ins Spiel kommen, Sein oder Nichtsein (Existenz), die Entscheidung als Interaktion, als Handlung. Die Zweitheit einer Ordnung ist der chronifizierte Kampf, die Hierarchie, oben und unten – dies kann man auch an zwei Fingern abzählen: oben sein oder nicht sein ist hier die Frage. Evolutionär etwas fortgeschritten, haben wir für die Konflikte der Zweitheit den Kompromiss als Lösung gewählt, Unterordnung als Schadensbegrenzung, Einigkeit in einem Minimum an individueller Vitalität, an Befriedigung für den Jungbullen, die der Leitbulle zu respektieren hat, der (kleinste) gemeinsame Nenner. Das erforderliche Minimum an Einheit unter Ausklammerung der Differenz, die Schnittmenge aus der

Mengenlehre, der Kompromiss, halb Zweiheit, erste Spuren von Drittheit einer Ordnung in der Schnittmenge – jede Menge zusätzlicher Arbeit für Neuronen. Die Evolution ist noch nicht am Ende, jenseits der Schnittmenge lauert noch jede Menge an Konfliktstoff, nicht nur Jungbullen, die Armen und Elenden dieser Welt dürften in der Mehrheit sein. Die Partizipation an der Welt, die Teilhabe, setzt die Drittheit voraus, den Konsens – und diesen nicht nur in der Schnittmenge, die oft nur von dem militärischen Vermögen der Beteiligten definiert wird. Eines Sinnes sein – Politiker missbrauchen diesen Ausdruck in unerträglicher Weise, sie versuchen ständig faule Kompromisse als Konsens (Einigung) zu verkaufen, selbst die Unterwerfung eines Schwachen unter den Stärkeren wird noch als Konsens verkauft, obwohl dort Drohung und Unterwerfung (Flucht) die genauere Bezeichnung wäre. Eines Sinnes sein (Kon-sens) setzt voraus, dass man das Nichtsein als Sein wahrnehmen kann, keinen Unterschied im Sein des Anderen und dem eigenen Sein wahrnimmt. In Vollkommenheit mag das unmöglich erscheinen; der Versuch würde uns schon reichen, um die Rede vom Konsens als glaubwürdig zu empfinden. Unsere Spiegelneuronen sind genau so plastisch (lernfähig) wie andere Neuronen, man muss sie nur gebrauchen. Das Studium dieser Welt führt auch zum Konsens: Je mehr wir uns mit allen Aspekten der Welt befassen, desto mehr Anteile des Anderen (Nicht-Ich-Sein) sind darin enthalten – der Kosmopolit, der auch die Slums dieser Welt und ihre Geschichte kennt, die Fluchtrouten, die zu ihnen führen, und nicht nur Flughäfen und Hotels. Politiker scheinen wenig von dieser Welt zu verstehen, sie sind noch mehrheitlich mit der Hierarchie beschäftigt, dem Machtkampf der Leitbullen, ihrem Hang zum Status quo, wenn es nicht mehr aufwärtsgeht. Leider ist das Gesetz der einfachen Lösung einer schnelleren Entwicklung des Konsenses im Wege. Im Konflikt zählt die Strategie des unterentwickelten Partners: Wer nur Kampf kann, mit dem geht kein Konsens, er hat nicht genug Neuronen für komplexe Lösungen. Konsensfähigkeit hilft aber auch beim Kampf – man weiß, was der Gegner will, wie er tickt, kann dem Kampf aus dem Weg gehen, ihn ins Leere laufen lassen. Sein heißt immer auch, kampfbereit zu sein, Konsens schließt alle vorhergehenden Lösungen ein, Komplexität beinhaltet das Einfache. Eine gesetzliche Ordnung, eine Ordnung, die der Willkür die dritte Dimension öffnet, entspricht erst einer Drittheit der Ordnung der Welt, einer Ordnung, die global zwischen Möglichkeit und Unmöglichkeit unterscheiden kann. Atomwaffen sind unmögliche Waffen, aber sie existieren trotzdem. Wir haben Angst, dass irgendein Autokrat diesen Unterschied nicht erkennt, weil ihm die dritte Dimension fehlt.

10. Limited Edition Demokratie

Betrachten wir das demokratische Szenario im politischen Raum, erkennen wir seine Substanz, die ökonomische Allheit bei der Bildung der partikularen Einheiten. Die ungeteilte Beute als Ziel führt zum Verteilungskampf, die Bewaffnung (Technik) als Konsequenz, das Begrenzen des eigenen Risikos, das Maximieren des

Gewinns: eine Sache der Erfahrung, die Modalität einer ökonomischen Partikularität. Die Selbstbehauptung verträgt sich im Vertrag mit den Anderen nur so lange, soweit sie ihre Partikularität nicht verliert – eine Bilanzierung, die nur in der Dominanz ein sicheres Gefühl von Affirmation verleiht, die Qualität demokratischer Politik, ihr Hang zu imperialer Selbstüberschätzung.

Vermögende, Mittelstand und Leistungsbezieher fordern ihren Anteil, dazu die Rechtlosen, die global einen sprunghaften Zuwachs erfahren, die unbewaffneten Überflüssigen im hochgerüsteten Verteilungskampf auf ihrer Flucht vor den Beutezügen der Ökonomie und ihrer unmöglichen Ökologie. Demokratie ist nicht aus jedem Blickwinkel erstrebenswert, der demokratische Frieden nicht für jeden lukrativ. Die Kräfteverhältnisse lassen sich direkt an der Gewichtung der Argumente ablesen, der Bedeutung ökonomischer Argumente in der politischen Debatte. Die Grenzen der Demokratie zeigen sich hier, denn selbst im Friedensfall kommen sie über den volonté de tous nicht hinaus, die herrschenden Kräfteverhältnisse als Vertragsgrundlage, den Status quo, der Aufrechterhaltung der Schere zwischen Arm und Reich, die Dominanz der Stärkeren.

Eine evolutionäre Entwicklung, die mehr als eine inzwischen unmöglich gewordene Skalierung des Problems ist, kann nur bei der Partikularität ansetzen. Ökonomie ist, als Ausdruck unseres Stoffwechsels, unteilbare Bedingung alles Lebendigen. Als Allheit kann Ökonomie nur ökonomischer Umgang (Sparsamkeit) mit Ressourcen bedeuten, die Zuordnung der Ressourcen zu einer partikularen Einheit (Eigentum) teilt die Sparsamkeit in das eigene Privileg zur Verschwendung und den Mangel der Anderen – ein Generator des Krieges. Von der anderen Seite kann man es auch lösen: mit der Einbindung der Selbstbehauptung in einen globalen Gesellschaftsvertrag, mit der Limitation der Selbstbehauptung durch den Anderen, auch dies ist mit dem unlimitierten Verständnis von Individualität (Souveränität) und ihrer Verwirklichung im Eigentum nicht möglich, dies braucht Einsicht in die Wechselwirkung. Der Pazifismus als globale Erscheinung, das Himmelreich auf Erden – dies könnte zum Frieden führen, aber in dieses Himmelreich können wir nicht einmal das eigene Hemd als Eigentum mitnehmen, und dies nicht ohne Grund.

Die am Gemeinwohl orientierte Republik ist der Demokratie überlegen, die, wie es schon von Aristoteles festgestellt wurde, eine Politik ist, die sich an den Bedürfnissen der Herrschenden orientiert und damit eine entartete Herrschaftsform ist. Die Politie, auf die sich das moderne Demokratieverständnis beruft, ist gekennzeichnet als Regierung durch vernünftige und besonnene Mitglieder der Gemeinschaft, als legitime Mehrheitsherrschaft. Die real existierenden Demokratien zeichnen sich nicht grundsätzlich durch Besonnenheit und Vernunft aus, Mehrheiten legitimieren oft genug die Willkür einer Gruppe: *There's no such thing as* (Europäische) Gemeinschaft; und im Außenverhältnis sitzt der Krieg mit am Verhandlungstisch, legt seine Waffen in die Waagschale als gewichtiges Argument. Rechtsruck und Populismus, ungleiche Chancen, die enorme Lücke zwischen Arm und Reich, die Rechtlosigkeit der modernen Metöken zeigen die Wirklichkeit der Demokratie – jenseits allen Schönredens ist sie vom Gemeinwohl noch weit entfernt. Es macht wenig Sinn, darüber zu streiten, ob aus den 10 Prozent inzwischen 11 Prozent geworden sind, ob der Mittelstand zu Teilen mitdazugerechnet werden muss und nun 30 Prozent beteiligt sind. Die Agora ist der Entscheidungsraum, das Herz der Gemeinschaft, hier entscheidet sich die Qualität der Herrschaft als Anteil an der Entscheidung – und dies nicht nur als Quantität, als Wahlstimme, sondern als mögliche Teilhabe an jeder Entscheidung. Jedes Hinterzimmer, jede Geheimverhandlung, jede geschwärzte Stelle im veröffentlichten Vertrag, jedweder unveröffentlichte Lobbyismus geben Auskunft über die Herrschaftsverhältnisse in unserer Demokratie, die sich eh nur um das kümmern kann, was nach der Privatisierung der Gewinne übrig geblieben ist: den sozialisierten Teil vom Risiko, die Verantwortung für die Schäden und die Restbestände der Daseinsvorsorge, die der ökonomischen Verwertung bisher noch entgangen sind.

Und ..... *never ever came come everybody somebody and to offer me something for whatever.....*[10]. Die Summe gewaschener Mafiagelder, Schwarzgelder, Oligarchengelder, Autokratenbeute auf Auslandskonten, Korruptionsgewinne, Spekulationsgewinne, Steuerhinterziehung, investiert in unsere Demokratie, wird nicht ermittelt. Auch dies gibt Auskunft über den Grad der Entartung dieser Herrschaftsform und der hohen Wohnungsmieten in ihren Metropolen. Ökonomisch erscheint dies aus partikularer Perspektive sinnvoll, ausreichend, um einen Brexit demokratisch zu

---

[10] Franz Beckenbauer

organisieren und seine Propaganda partikular zu finanzieren, um selbst einer rudimentären Kontrolle der Finanzen durch die Vertragsgemeinschaft zu entgehen.

Vive la République – mit der Freiheit, der Gleichheit und der Teilhabe in der Verfassung

10.1 Pragmatisch

Mit einer Semiotik des politischen Raums wird der Zusammenhang seiner Dimensionen sichtbar. Die Orthogonalität in diesem Koordinatensystem verführt zu einer isolierten Betrachtung einer Ordinate, x lässt sich unabhängig von y verändern, y bleibt scheinbar unberührt. Als Produkt wird der Unterschied sichtbar, $y=y$, aber $xy \neq 2xy$ – so kann man leicht ein x für ein y verkaufen. Im politischen Raum haben wir es mit drei Koordinaten zu tun: Jeder Punkt im Raum wird durch die Werte auf diesen Koordinaten definiert, jede Veränderung eines der Werte verändert somit diesen Punkt und seine Relation zu anderen Punkten im Raum. Mit der Handlung im Zentrum dieses Raumes und der Freiheit als Wert der Modalität (das Mögliche und Notwendige zu tun) kann man hinter dem Bekenntnis zur Freiheit (x) den Mangel an der Möglichkeit zur Entscheidung (y) oder den Mangel an notwendigen Ressourcen (z) verbergen. In dem zur Besenkammer geschrumpften Raum klingt der Freiheitsbegriff zynisch; alle Menschen sind frei, aber einige sind freier, gleicher, vermögender. In der Propaganda, mit der die Partikularinteressen versuchen, Gleichheit und Teilhabe der Anderen aus ihren Welten auszuschließen, wird dieser rhetorische Kniff gerne angewandt. Sie predigen die Freiheit des Eigentums und damit nur die des Eigentümers. Die Kombination aus Wettbewerb und Deregulierung als angeblich die Wirtschaft stimulierende Koordinaten erweist sich auch ohne Semiotik als Kriegserklärung. Man braucht sie nur auf das Fußballspiel zu übertragen: Es geht um Millionen, der Gewinner bekommt fast alles, weniger Regeln und Schiedsrichter ohne gelbe/rote Karten. Der Homo oeconomicus hat als Zuschauer wenig Probleme mit dieser Konstellation, verspricht sie doch sensationelle Stunts, auch die Super League hat keine Einwände, sie vertraut auf den Sieg des Super-Stärksten, auf höhere Einnahmen und ist beim Gewinn zu Kompromissen bereit, damit Zuschauer, Mitspieler und Gladiatoren erhalten bleiben: The game must go on. Leider kann man bei dem Wirtschaftsspiel nicht Zuschauer bleiben, hier ist man der Blutgrätsche gnadenlos ausgeliefert, oder man grätscht mit und die Luft an der Spitze ist dünn, der Gegner gibt es genug. Zur Kompromissbereitschaft braucht es dann sehr starke Argumente, die das Regelvakuum ausfüllen. Semiotisch haben wir die Selbstbehauptung (rechts), den Konkurrenzkampf (Wettbewerb), bei möglichst geringer Limitation (Deregulierung) als liberalistisches Argument für eine florierende Wirtschaft – ein radikales Argument – leicht rechts/ oben im Raum zu lokalisieren. Der Sieger im Wettbewerb strebt die Spitze der Hierarchie an, das Monopol oder Alleinstellungsmerkmal als Einheit, die sich als ökonomische Allheit verkleidet hat – vom Oikos zum Imperium.

Formen dieser Propaganda sind im liberalistischen Lager zu beobachten, als Antwort auf die zunehmende Kritik am herrschenden Kapitalismus. Die Neiddebatte, die Verbotspolitik, die steuerliche Entlastung der "Leistungsträger", sie lassen sich recht einfach im politischen Raum verorten – mal populistisch, mal als Wirtschaftskompetenz getarnt, geht es hier um die Verteidigung der Willkür des Eigentums. Dieser Freiheitsbegriff ohne Verantwortung kommt nun als Bumerang mit der Protestwelle gegen Impfung oder Maskenpflicht zurück. Es ist die gleiche Auffassung von Freiheit, die uns die Freiheitlichen jahrelang als Stein der Weisen verkauft haben, ohne dass dieser Unsinn in den Medien den gleichen Widerstand erfahren hat, wie es die Querdenker nun erleben. Da im konkreten Fall der Entscheider die Verantwortung trägt, ist diese Verantwortungslosigkeit von Teilen der Bevölkerung noch mit ihrem Ausschluss von politischen Entscheidungen zu erklären. Diese Erklärung wäre aber zugleich eine Aussage zu ihrer Unfreiheit – so erklärt, sind sie entweder keine Demokraten oder Opfer undemokratischer Verhältnisse. Freie und damit verantwortungsbewusste Bürger:innen würden auch für die Entscheidungen in ihrem Namen die Verantwortung tragen und auf Fehlentscheidungen reagieren sowie auf alle sie betreffenden Entscheidungen, wie es mit jedem Eingriff in die Welt, in der sie leben, gegeben ist. Eine kleine Semiotik des politischen Raums könnte, mit etwas Übung, die Schlagfertigkeit der langsamer denkenden Seite des politischen Spektrums verbessern, ihrem Ausdruck einer komplexen Limitation, ihrem Überblick, auch im Detail zu einer schnelleren Antwort verhelfen.

So wie man die Koordinaten nicht separieren kann, ohne dass der Raum kollabiert, so kann man auch die Kategorien nicht separieren, ohne dass die Ordinaten kollabieren. Es liegt an der holistischen Natur einer Welt, die aus Teilchen zusammengesetzt ist, Teilchen, die ihre Eigenschaften auf Teile und auf das Ganze durch Interaktion übertragen. Betrachtet man die eigenen Koordinaten, findet sich der Betrachter in der Mitte wieder, dem Nullpunkt eines Koordinatensystems. Als Punkt wäre dieser eine Nulldimension. Jede weitere Ausdehnung erfolgt im Raum, ihren Wert kann man auf den zugehörigen Koordinaten bestimmen. Da im Raum jede Dimension als Freiheitsgrad bestimmt ist, ist jede Richtung möglich. Die Größe des Raumes ergibt sich aus den genutzten Freiheitsgraden, ihren Werten auf den Koordinaten. Die Mitte lässt sich nun als Wirkung eines Gravitationszentrums eines kleinen oder großen Raumes verstehen. Sind Rechts und Links im Gleichgewicht, kann man in der Entfernung der eingenommenen Pole die Spannung ablesen, die ins Gleichgewicht gebracht wird; dies gilt auch für die anderen Dimensionen. Der Potenzialausgleich erfolgt relativ zum Beobachter, entspricht seinem Standpunkt im Raum, seiner Homöostase. Hier entscheidet sich, ob man ein großherziger Mensch oder das Gegenteil ist – eine volkstümliche Beschreibung des individuellen politischen Raums, die Fähigkeit zum Ausgleich großer Potenziale oder die Negation bereits kleiner Unterschiede. Gleiches gilt für die Polis, die Größe des politischen Raumes, den ihre Vielheit einnimmt, unabhängig von ihrer territorialen Größe. Die Imperien, die riesige Territorien im kleinstmöglichen politischen Raum verwalten wollen, zeigen die Sprengkraft dieser Konstellation. Nach der Gewalt kommt der Zerfall, die Zwangsjacke und ihre Sprengung, eine Notwendigkeit der Vitalität, leider begleitet von viel Leid und Elend. Die Engherzigkeit der Despoten spiegelt sich in ihrem politischen Raum, die Opfer der Vielheit legen Zeugnis davon ab: Sie haben zu wenig Platz zum Leben, in einer von engherzigen Despoten verkörperten Souveränität.

Betrachten wir die Menschheit als Vielheit eines politischen Raumes, ergibt sich bereits in der ersten Relation, der Substanz als Quantität, ein Bild, das an einen Haufen von Galaxien erinnert. Um ihre Allheit kreisende Vielheiten, die sich im Verhältnis ihrer Schwerkräfte (Vielheit x Allheit) umkreisen, ihrem jeweils eigenen Impuls gehorchend, sich dem Schwarzen Loch in der Umlaufbahn widersetzend. Der Konkurrenzkampf der Allheiten, wie Demokratie versus Autokratie, ihr Produkt aus Volumen und Masse, ihre Attraktivität, wird im politischen Raum sichtbar. Die Wanderung der Teilchen im Schwerkraftfeld, ihr Fluchtgrund, lässt sich kartographieren. Die Integration in die Allheit einer Polis, die Suche nach einer besser integrierenden Allheit: sie bestimmen die Bahn der Teilchen, von der Notwendigkeit, dem Zugang zu Ressourcen und dem Ziel, den Möglichkeiten einer offenen Zukunft, bestimmt. Nach einer großflächigen Beschädigung des politischen Raumes wundert das Anschwellen der Flüchtlingsströme nicht, nach den ersten kleinen Wellen gibt es genug Prognosen für eine Sturmflut. Die vom Kolonialismus zerstörten politischen Räume, ihre Bewirtschaftung durch korrupte und abhängige lokale Eliten, die ausgeplünderten Landschaften, die ökologische Zerstörung, die neoliberale Zerstörung der Freiheit der Eigentumslosen (der Indigenen), sie sind noch nicht zu Ende. Vielheiten ohne Allheit treiben im Raum ungebunden umher, auf der Suche nach Ressourcen und Möglichkeiten. Die Gravitation einer freien Gesellschaft lässt sich nicht an den Außengrenzen abriegeln, sie lässt sich nur durch Unfreiheit verändern, vor oder hinter dem Schlagbaum. Die Fluchtursachen bleiben, solange der politische Raum nicht als dreidimensionaler Raum, als Welt, als planetarische Politik hergestellt ist.

Die als Agapismus beschriebene Evolution lässt sich auch an der Fluchtbewegung ablesen: Die Fluchtrichtung geht zu der Freiheit, die sich durch Gleichheit und Teilhabe zu einem Freiheitsraum entwickelt hat: "*Erst kommt das Fressen, dann die Moral, erst muss es möglich sein, auch armen Leuten vom großen Brotlaib sich ihr Teil zu schneiden*" – von der Notwendigkeit zur Möglichkeit, die so schnell, wie die Zeit vergeht, eine neue Notwendigkeit geworden ist. Besetzte Räume sind für die Flucht nicht attraktiv, hier braucht es den Kampf für den Zugang zu Ressourcen und Möglichkeiten. Aber früher oder später wird dieser Kampf zu führen sein, wenn es keine ausreichend freien Räume mehr gibt.

Die zentrale Stellung der Triade aus Entscheidung, Handlung und Erfahrung, ihre zentrale Stellung zwischen den Polen ihrer Koordinaten, entspricht dem Wesen der Homöostase, der Suche nach einem Gleichgewicht in einem dynamischen System. Sucht man im politischen Raum nach den Orten, an denen sich das Böse, Schlechte, Verderbliche aufhält, findet es sich im Ungleichgewicht wieder, der einseitigen Ausrichtung auf einen dieser Pole. Auch der Status quo ist solch ein Übel, die Verkennung, dass es sich um ein dynamisches Gleichgewicht handelt, dass die Mitte von gestern der Untergang von morgen sein kann, die eigene Mitte nicht die Mitte der Polis ist und auch nicht die Mitte der Welt. Von der totalen Einheit im Souverän, seiner Verkörperung im Herrscher, der Diktatur einer Rechten oder Linken, dem Fortschritt, dessen Zweck die Mittel heiligt: Viele dieser eindimensionalen Konzepte haben im Interpretanten der Menschheit ihre Spuren hinterlassen, sind Zeugen einer gescheiterten Homöostase, ihrer Unmöglichkeit.

Privatisierung versus Regulierung: Die Mitte ist der Ort, an dem die Limitation der Willkür ausreichend ist, um die Freiheit des Anderen nicht einzuschränken, und die Regeln der Anderen dem Individuum die Freiheit nicht nehmen. Erfolgt diese Limitation eigenverantwortlich, braucht es keine externen Regeln; die Verantwortung ist bereits die Regel, bringt Werte und Ziele ins Gleichgewicht. Für eine eigenverantwortliche Limitation braucht es aber die Erfahrung des dreidimensionalen politischen Raums und viel Kommunikation zur Verortung der Anderen, zu ihrer Vereinbarung. In den Regeln sind diese Verhältnisse in eine übersichtliche Form gegossen, auch eindimensional wahrnehmbar. Eigenverantwortlich oder als Regel, erfolgt die Limitation passgenau und dynamisch, im homöostatischen Gleichgewicht, gibt es keine Probleme. Jedes politische Problem zeigt ein Ungleichgewicht in der Regelung oder eine mangelnde Eigenverantwortlichkeit an. Betrachten wir die Schere zwischen Arm und Reich als

Problem, als Ungleichgewicht, sollte die Erfahrung reichen, die ungeeigneten Antworten zu benennen. Wird diese Schere bei Deregulierung kleiner oder nicht? Wir haben es bereits viele Jahre versucht und vererben es an die nächste Generation, unsere Verantwortung ist offensichtlich ungenügend entwickelt, um es alleine auszugleichen. Jenseits der eigenen Meinung finden wir im öffentlichen und besonders im wissenschaftlichen Diskurs Antworten zur Bearbeitung unserer Probleme, solange der Diskurs nicht von Partikularinteressen dominiert wird, wie es bei der Ökonomie des Eigentums an der Tagesordnung ist. Auch die Willkür der Eigentümer in der Medienwelt, verkauft gerne Meinung als Diskurs. Für die Politik bleibt nun die Entscheidung, ob sie diese Schere schließen möchte oder nicht. Mit dem Eigentümer als Souverän fällt die Antwort zu seinen Gunsten aus. Bei der Bewältigung der Umweltproblematik kann man durchaus über geeignete Regeln diskutieren – bei dieser Problemlage von Überregulierung zu reden, ist auf jeden Fall unangemessen.

10.2 Management

Ziele werden in Unternehmen üblicherweise so formuliert und datiert, dass die Zielerreichung überprüft werden kann. Die Politik hat sich in ihren Wahlkämpfen bisher eher werteorientiert gezeigt, der Kanzlerdreiklang *Freiheit in Frieden und Wohlstand*, die Parole *Leistung muss sich wieder lohnen* oder ähnliche Worthülsen haben sich einer faktenbasierten Zielüberprüfung entzogen und begnügten sich mit der Emotionalität des Boulevards und seiner Medien. Mit dem Ausstieg aus fossiler Energie bis

2040 oder 2050 betritt die Politik Neuland. Parteien als werte-orientierte und Politik (Exekutive) als regelorientierte Organi-sationsformen werden sich mit einer Zielorientierung schwertun, sie betreten damit die Sphäre der Unternehmen, des Manage-ments. Dabei ist das Management selbst eine noch relativ neue Erscheinung und ist in seiner Entwicklung nicht abgeschlossen. Der Begriff Management tauchte in Deutschland etwa 1960 auf, in den USA etwas früher. Eine neue Spezies, der Manager, löst seitdem die Firmenpatriarchen ab – Gründer und Erfinder, die zwar immer noch in einigen Firmennamen vorkommen, aber nur noch selten im Chefsessel. Der Siegeszug dieser Profession hat eine Vorgeschichte: als Stichtag kann man den D-Day nehmen, die erfolgreiche Landung der Alliierten in der Normandie. Wäh-rend Hitler in seiner Wolfsschanze den GröFaZ gibt und die Gene-ralität der Wehrmacht seiner Willkür unterwirft, versuchten sich die Vereinigten Staaten in neuen Formen der Leitung für Militär und Industrie. Die Einbindung der Beteiligten, die Eigenver-antwortung, spielt dabei eine herausragende Rolle. Eine Mixtur aus Psychologie und Pragmatismus, die antiklerikale Einstellung der Baptisten – die Vorgeschichte dieser Strömung fängt schon vor der Jahrhundertwende an, Charles Sander Peirce und Sig-mund Freud gehören dazu. Dieser Paradigmenwechsel überlebt durch Erfolg (nicht durch Revolution) sowie alle bedeutenden Veränderungen in der Geschichte; der Langbogen durchschlägt die Ritterrüstung und bringt diese zum Verschwinden. Der Souve-rän bekommt neue Aufgaben, Leiten anstelle von Willkür und Befehl, so zumindest die Theorie. Bei Leitung geht es um die

Begrenzung der Willkür, die Entscheidung nach Daten und Fakten ist gefragt. In den verschiedenen Normen für Qualitätsmanagement kommt dies auch zum Ausdruck. Im EFQM wird es ausdrücklich erwähnt und durch den zufriedenen Mitarbeiter als Qualitätsziel unterstrichen. Von der Qualitätskontrolle, der Prüfung an der Werkbank (Kontrolle des Mitarbeiters), zum Qualitätsmanagement, zum Audit des Managements, der Prüfung des Souveräns auf Leitung ohne Willkür – so die Entwicklung in diesem Bereich. Im Dienstleistungssektor ist davon allerdings wenig zu spüren, die Niedriglöhner müssen sich meist auch noch schlecht behandeln lassen. Und in der Politik? Die Zufriedenheit des Bürgers als Ziel der Leitung – des Bürgers, nicht die des Wählers der eigenen Partei. Der Erfolg der Alliierten im Krieg gegen den GröFaZ hat diese Tendenz durchgesetzt, nicht die Einsicht in die Notwendigkeit der Abschaffung der Willkür einer Leitung. In Wirtschaftsbereichen mit hohem Innovationsdruck ist diese Form der Leitung besser entwickelt, Kreativität wird von Willkür erstickt, der Erfolg ist die Selektion dieser Unternehmenskultur. Bei den Dienstleistungen zählt Dienen und Leisten, die prosaische Formulierung von Ausbeutung; diese Willkür wird erst mit der Teilhabe verschwinden. Solange der Schnäppchenjäger Kunde-König ist, der Unternehmer sein privat wirtschaftender Feldherr, der Deregulierer sein Priester und der Dienstleistende sein Diener, ist der Raum der Entscheidungen festgelegt. Für einen der Beteiligten lohnt sich diese Leistung selbst bei 14 Stunden täglicher Anstrengung nicht.

Bei der Überprüfung der Führungskultur in unterschiedlichen Systemen zeigen sich schnell die Potenziale für weitere Entwicklung. Die Repräsentanten der Götter sind noch lange nicht ausgestorben – und solange diese Positionen mit exquisiten Privilegien ausgestattet sind, so lange darf man auf das Verschwinden dieser feudalen Attitüde warten. Eines dieser Privilegien ist die Tatsache, dass der Manager sein Gehalt mit den Shareholdern und nicht mit den Arbeitern, den wichtigsten Stakeholdern des Unternehmens, aushandelt. Deswegen sind Anteilsscheine auch ein Teil seiner Bezahlung. Absteigend in der Hierarchie ändern sich bei fortschrittlichen Unternehmen die Verhältnisse, im kreativen Team wird die Hierarchie zunehmend flacher, agiles Arbeiten ist hier gefragt; hier gilt nicht mehr: Leitung ist (einsame) Entscheidung, eine Idee, die eher den aktuellen Arbeitsalltag bestimmt. Der Auftrag des Kunden, das Inkrement und die Iteration bestimmen diese Arbeitsform, die zur Genoss:innenschaft besser passt als zur Kapitalgesellschaft.

10.3 Im Auftrag des Kunden

Die Ermittlung der Kundenwünsche ist kein leichtes Unterfangen, vermag doch der Kunde oft selbst nicht, seine Wünsche präzise zu formulieren. Diese und andere Schwierigkeiten lenken leicht den Blick ab – von der veränderten Blickrichtung in der modalen Dimension, der Kausalität. Zur Ermittlung des Kundenwunsches braucht es Kommunikation, und die bereits vor Planung, Produktion und dem Verkaufsgespräch. Influencer:innenmarketing und Wahlkampf gehen noch den alten Weg, auch wenn neue Medien und Methoden Modernität vorgaukeln. Vom fertigen Produkt zum Kunden ist hier die Richtung, agil ist andersrum. Mit der agilen Richtung sind Kunden und Bürger:innen der Souverän des folgenden Prozesses, eine Relation, die zielorientierte herrschaftsfreie Politik erst möglich macht. Da neue Produkte oder Ziele keine Generika sind, braucht es ihre Entwicklung, nun eine agile Angelegenheit, eine Sache der Kunden. Daraus folgt, dass am Beginn des Prozesses kein fertiges Produkt oder klares Ziel zu erwarten ist. Selbst die Finanzierung lässt sich mit veränderter Blickrichtung realisieren, wie es im Crowdfunding schon einige Zeit erprobt wird und bei Investitionen aus Steuermitteln gegeben ist.

Aber der Prozess fängt nicht bei null an, wir leben bereits in einer Welt mit Zielen und Produkten, eher zu viele davon und selten passgenau. Der bisweilen propagierte Change, samt seinem Change Management, gaukelt die Möglichkeit einer neuen Welt vor, eine Welt, in der man endlich den ganzen Ballast an altem Zeug loswird, vom Missmanagement bis zum Ladenhüter – und vor allen Dingen, die Probleme. Wenig Beachtung findet dabei der Unterschied zwischen Alt und Neu, soweit es die Handhabung betrifft. In der gewohnten Handhabung steckt intrinsisches Wissen, die Routine, das Training, die Erfahrung, man unterschätzt die Menge an darin Gespeichertem leicht. Die Geschwindigkeit einer Routinehandlung übersteigt die der ersten Übungen mit Neuem um ein Vielfaches, bei schwierigen Angelegenheiten um Potenzen. Das Aufstöhnen von Belegschaften, denen ein Change Management oder ein neues Betriebssystem ins Haus steht, ist berechtigt, man erinnere sich an die ersten Arbeitstage im neuen Job: Stress pur, es sei denn, man bekommt Schonzeit. Der agile Ansatz ist deshalb inkrementell, Schritt für Schritt, aufbauend auf Bestehendes. Dies ist die ökonomische Form der Veränderung, der Evolution abgeschaut, keine Revolution. Dies entspricht auch dem Kundenwunsch, der als Ziel, wie alle Ziele, zuerst nur Möglichkeit ist, vage Bilder von einer besseren Welt, einem besseren Leben. Ein besseres Leben durch Revolution bedingt die Negation des Alten, seine Zerstörung, die Umerziehung und andere totalitäre Besonderheiten, um Internalisiertes mit neuer Einheitsware zu ersetzen, heute oft hinter einer personalisierten Oberfläche versteckt. Der enorme Druck der verschleppten Umweltproblematik lässt die berechtigten Forderungen nach gravierenden Veränderungen leicht als revolutionär erscheinen – eine der Schwierigkeiten, die sich für FFF im öffentlichen Diskurs ergeben. Mit dem Vorwurf der Ökodiktatur betreibt der Liberalismus seine Propaganda. Wir können uns dem besseren Leben nur Schritt für Schritt annähern und müssen nebenbei auch noch unseren oft anstrengenden Alltag bestreiten. Aber die Probleme unserer Welt dulden keine Trödelei, Trippelschritte, den Krebsgang, zwei vor und einen zurück, sonst kommt die Evolution als Selektion.

Jedes Ding hat seine Zeit – Shakespeares zweites Zitat in diesem Aufsatz, betrifft auch die Umlaufbahn jedes Teilchens um sein Gravitationszentrum, ausgerichtet von Notwendigkeit und Möglichkeit. In den agilen Methoden wird dies berücksichtigt, der Prozess erfolgt gleichfalls in Umlaufbahnen, die Iteration ist hier ein

Prozessmerkmal. Die Umlaufzeit ist nicht beliebig, die Ökonomie (die Sparsamkeit) ist der Motor des Metronoms (Zeit ist Geld), die Kapazität des Teilchens für Neuerungen begrenzt den Takt, der Zugang zu Ressourcen (Gleichheit) und Möglichkeiten (Teilhabe) ist systemrelevant. Aber bezeichnend ist, dass solche Umlaufbahn agil als Sprint bezeichnet wird. Auch in der Politik ist die Iteration bekannt – die Legislaturperiode ist so eine. Hier haben wir es mit recht langen Umlaufbahnen zu tun, begründet wird diese Zeitspanne mit der Umsetzungsgeschwindigkeit von Politik, 100 Tage Schonzeit inbegriffen. Es fragt sich aber, was mit Politik hier gemeint ist. Ein Bündel Gesetze inklusive Initiative, Parteitage, Koalitionsverhandlung, erste Lesung und Ausschüsse, dann zwei weitere Lesungen, zwischendurch Lobbyismus und viele Talkshows – oder die Etablierung der Macht, die Netzwerke, die Beziehungen? Oder die öffentliche Debatte? Bei den agilen Methoden sind wesentlich kürzere Perioden gefragt. Vier Jahre bis zur Zielüberprüfung sind eine lange Zeit, vorher ist eine Kurskorrektur in der aktuellen Demokratie schlecht zu begründen. Außerdem braucht es die Interpretation des Wählerwillens für eine Revision der Ziele, der Interessenkonflikt mit dem Partikularinteresse ist bei der Interpretation durch die Partei systemimmanent. Bei dem Ziel der Dekarbonisierung bis 2040 ohne überprüfbare Zwischenschritte ist das Scheitern programmiert, hier fehlt es an Agilität. Bei der Einführung agiler Methoden hört man oft die Warnung, dass diese Methode jede Schwäche des Systems bloßlegt. Die Verlängerung der Zyklen ist die erste Wahl, diese Schwächen zu vertuschen. In den bisherigen Klimaabkommen und der aktuellen Klimapolitik kann man diese Taktik gut beobachten, beim BER ist sie zur Legende geworden. Die Kunst agilen Managements besteht in der präzisen Ermittlung und Formulierung der Ziele für die folgende Umlaufbahn und eine gute Zeit- und Kostenplanung für die Umsetzung in angemessener, aber kurzer und nicht verlängerbarer Zeit, z.b. eine Unterteilung der Ziele in Schritte von einer Dauer von 3 Monaten (üblich sind oft nur 6 Wochen). Die Schwierigkeiten, die bei der Einschätzung neuer Verfahren oder Arbeitsschritte bestehen, lassen sich durch Erfahrungen in dieser Methode verbessern, es bleibt aber eine Herausforderung, die einiges an Kreativität braucht, Willkür hilft hier nicht. In den klassischen Managementsystemen geht dieser Auftrag an eine Entwicklungsabteilung. Zusätzlich zum Alltagsgeschäft, das nur durch Routinen ökonomisch zu organisieren ist, geht das nicht. In dem als Demingzyklus bekannten Vorgehen teilt sich der Zyklus in die Abschnitte Planung einer Verbesserung, Umsetzung der Planung im Versuch, Überprüfung auf Verbesserung, Einführung der bestätigten Verbesserung im ganzen System. Im nächsten Zyklus werden die festgestellten Abweichungen von einer geplanten Verbesserung für neue Veränderungen eingeplant. Jeder Schritt ist begleitet von überprüfbaren Plänen, Protokollen und Kommunikation. Bei agilen Methoden sind die Auftraggeber/Kunden der Souverän der Zielformulierung und der Überprüfung (Kundenzufriedenheit), die Autor:innen der Formulierung/Planung sind Spezialist:innen für die professionelle Darstellung der Möglichkeiten im Verfahren, ihrer Beziehungen zu den Notwendigkeiten. Transparenz und

Kommunikation sind unerlässlich für diese Rollenverteilung. Die Aufgabe einer agilen Leitung besteht in der Organisation der Abläufe, in der Beseitigung der Hindernisse für effektives Arbeiten, der Bereitstellung der notwendigen Ressourcen, der rechtzeitigen Buchung des Besprechungsraums, sonst sind 3 Monate nicht zu realisieren. Dekarbonisierung bis 2040, agil oder unter demokratischer Ägide von Partikularinteressen, von der Möglichkeit zur Notwendigkeit – wir werden es sehen.

11. Epilog

Der Text wurde lange vor dem 24.02.2022 fertiggestellt, eine erste Fassung 2017, dann eine Fassung mit dem Schwerpunkt "Demokratie" später einige Bemerkungen zu Corona und Korrekturen vom Lektorat. Braucht es ein weiteres Kapitel zum Geschehen nach dem 24.02.2022? Autokraten und Despoten werden im Text ausreichend behandelt. In einer "kleinen" Semiotik des politischen Raums, mag es den geneigten Leser:innen an Details zur genauen Analyse des aktuellen Geschehens in diesem Koordinatensystem fehlen. Die langfristige Perspektive für Despotie sollte deutlich geworden sein. Der noch zu zahlende Preis für ihre Abschaffung ist eine wichtige Frage. Dies betrifft nicht nur den von ihr geforderten Blutzoll, die Umweltproblematik lässt keine großen Spielräume für eine Rücksicht auf die Eitelkeiten der Herrscher dieser Welt zu. Dies betrifft alle Koordinaten im System, vom neuen Geldadel bis zum Manager, der Mafia bis zum Autokraten; in der Homo-oeconomicus-Demokratie betrifft es jeden Demokraten selbst.

Die Bilder von den Kriegen, den Demonstrationen und aus den Gefängnissen dokumentieren die aktuellen Machtverhältnisse, wer sich dafür blind macht, ist auch blind für eine dreidimensionale Sicht auf den politischen Raum.

 Mit republikanischem Gruß

Wolf Virga